Brücken in Deutschland
für Straßen und Wege

IMPRESSUM

Bibliografische Information der Deutschen Bibliothek

Die Deutsche Bibliothek verzeichnet diese Publikation in der Deutschen Nationalbibliografie; detaillierte bibliografische Daten sind im Internet über: **http://dnb.ddb.de** abrufbar

ISBN-10: 3-939715-14-X

FGSV Verlag

ISBN-10: 3-935064-41-1
ISBN-13: 978-3-935064-41-5

© 2006 Bundesanzeiger Verlagsges.mbH., Köln

Alle Rechte vorbehalten. Das Werk einschließlich seiner Teile ist urheberrechtlich geschützt. Jede Verwertung außerhalb der Grenzen des Urheberrechtsgesetzes bedarf der vorherigen Zustimmung des Verlages.
Dies gilt auch für die fotomechanische Vervielfältigung (Fotokopie/Mikrokopie) und die Einspeicherung und Verarbeitung in elektronischen Systemen.

Lektorat und Herstellung: Uwe Mähren
Layout: Reinald Gerhards
Satz: Type & Print, Hilden
Druck und buchbinderische Verabeitung: Media Print GmbH, Paderborn

Printed in Germany

Vordere Umschlagabbildung: Saalebrücke Beesedau (K. Kappes, foto Schüler)

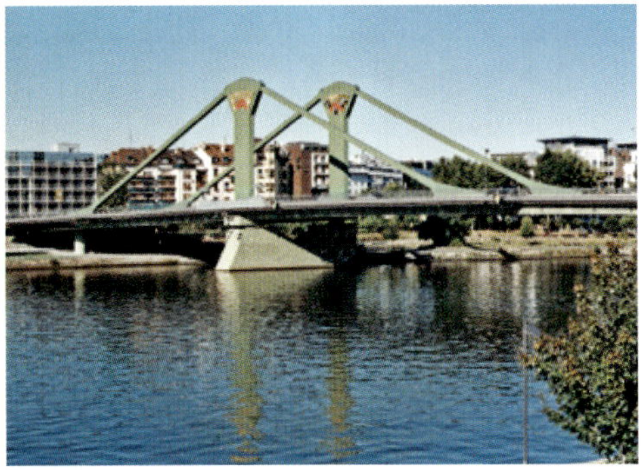

Brücken in Deutschland
für Straßen und Wege

DER FOTOBILDBAND
DEUTSCHER BRÜCKENBAUKUNST

AUTOREN:

Friedrich Standfuß
Joachim Naumann

HERAUSGEBER:

Bundesministerium für Verkehr, Bau und Stadtentwicklung

INHALT

1 VORWORT

2 EINFÜHRUNG

3 STEINBRÜCKEN

	Steinbrücken	10-11
1	Römerbrücke Trier	12-13
2	Werrabrücke Creuzburg	14-15
3	Krämerbrücke Erfurt	16-17
4	Alte Mainbrücke Würzburg	18-19
5	Sternbrücke Weimar	20-21
6	Alte Neckarbrücke Heidelberg	22-23
7	Alte Elbebrücke Pirna	24-25
8	Saalebrücke Bad Kösen	26-27
9	Oberbaumbrücke Berlin	28-29
10	Saalebrücke Rudolphstein	30-31
11	Westerwälder Tor bei Aegidienberg	32-33
12	Talbrücke Wommen	34-35

4 BRÜCKEN BIS 1945

	Brücken bis 1945	36-37
13	Eiserne Brücke im Park zu Wörlitz	38-39
14	Hohe Brücke Berlin-Charlottenburg	40-41
15	Löwenbrücke Berlin-Tiergarten	42-43
16	Rheinbrücke Bad Säckingen	44-45
17	Rheinbrücke Mainz-Kastel	46-47
18	Brücke über den Ryck in Greifswald-Wieck	48-49
19	Neue Elbbrücke Hamburg	50-51
20	Hackerbrücke München	52-53
21	Elbebrücke „Blaues Wunder" in Dresden	54-55
22	Argenbrücke Langenargen	56-57
23	Havelarmbrücke Zehdenick (Kamelbrücke)	58-59
24	Glienicker Brücke Berlin/Potsdam	60-61
25	Kaiser-Wilhelm-Brücke Wilhelmshaven	62-63
26	Schwebefähre über die Oste in Osten	64-65
27	Altrheinbrücke Bad Honnef	66-67
28	Bösebrücke Berlin	68-69
29	Eiderbrücke Friedrichstadt	70-71
30	Saalebrücke Alsleben	72-73
31	Rheinbrücke Krefeld-Uerdingen	74-75
32	Rheinbrücke Köln-Rodenkirchen	76-77

5 DER BRÜCKENBAU AB 1945

	Der Brückenbau ab 1945	78-79
33	Moselbrücke Wehlen	80-81
34	Huntebrücke Huntebrück	82-83
35	Hangbrücke Todsburg bei Wiesensteig	84-85
36	Jagstbrücke Unterregenbach	86-87
37	Glemstalbrücke Schwieberdingen	88-89
38	Fehmarnsundbrücke	90-91
39	Rheinbrücke Rees/Kalkar	92-93
40	Köhlbrandbrücke Hamburg	94-95
41	Moselbrücke Schweich	96-97
42	Donaubrücke Straubing	98-99
43	Neckartalbrücke Weitingen	100-101
44	Kochertalbrücke bei Geislingen	102-103
45	Rheinbrücke Düsseldorf-Flehe	104-105
46	Werratalbrücke Wartha in Hörschel	106-107
47	Flößerbrücke Frankfurt/Main	108-109
48	Gehwegbrücke bei Borken-Arnsbach	110-111
49	Lechtalbrücke Schongau	112-113
50	Rheinbrücke Duisburg-Beeckerwerth	114-115
51	Elbebrücke Dömitz	116-117
52	Ilmbrücke Stadtilm (Kellerbrücke)	118-119
53	Jahrtausendbrücke Brandenburg/Havel	120-121
54	Wirtschaftswegbrücke bei Baden-Baden	122-123
55	Oderbrücke Frankfurt	124-125
56	Peenebrücke Wolgast	126-127
57	Sudebrücke Bandekow	128-129
58	Werrabrücke Treffurt	130-131
59	Gehwegbrücke bei Schnaittach	132-133
60	Kylltalbrücke bei Bitburg	134-135
61	Überführung „Alter Göbricher Weg" bei Pforzheim	136-137
62	Neue Elbebrücke Pirna	138-139
63	Kreuzungsbauwerk der B 105 über die A 19 bei Rostock	140-141
64	Saalebrücke Beesedau	142-143
65	Inselbrücke Potsdam	144-145
66	Elbebrücke Vockerode	146-147
67	Karl-Heine-Bogen Leipzig	148-149
68	Talbrücke Wilde Gera	150-151
69	Überführungen über die A 71 zwischen Erfurt und Sömmerda	152-153
70	Überführung des Rennsteigs bei Oberhof	154-155
71	Talbrücke Münchingen/Korntal	156-157
72	Flughafenbrücke Düsseldorf	158-159
73	Talbrücke Albrechtsgraben bei Suhl	160-161
74	Reichenbachtalbrücke bei Geraberg	162-163
75	Schwentinebrücke Preetz	164-165

6 KÜNSTLERISCHE AUSGESTALTUNG VON BRÜCKEN

Lampen, Plastiken, Gedenktafeln, Brüstungen   166-173

ANHANG

- Karte mit Verzeichnis und Baujahr der abgebildeten Brücken   174-175
- Glossar – Fachausdrücke aus dem Brückenbau   176-177
- Literaturauswahl   178
- Bildnachweis   179

DIE AUTOREN

Friedrich Standfuß
Dipl.-Ing., Dr.-Ing. E.h., Ministerialrat a. D.

geboren 1935 in Erfurt, studierte zunächst in Mainz und Göttingen Mathematik und Physik sowie anschließend Bauingenieurwesen in Hannover. Nach dem Diplom 1961 folgte eine dreijährige Referendarzeit für den höheren bautechnischen Verwaltungsdienst bei der Straßenbauverwaltung in Niedersachsen. Nach der 2. Staatsprüfung 1965 Einstellung bei der niedersächsischen Straßenbauverwaltung. 1967 Abordnung zum Bundesverkehrsministerium in Bonn für 3 Jahre, anschließend Leiter des Autobahnamtes in Hannover. 1970 Wechsel nach Bonn zunächst als Referent für Brückenbau, ab 1977 bis zur Pensionierung im November 2000 Leiter des Referates Brücken- und Ingenieurbau in der Abteilung Straßenbau des Bundesverkehrsministeriums. In dieser Zeit zuständig vor allem für Planung, Bau und Erhaltung zahlreicher Großbrücken der Bundesfernstraßen, Mitglied in Normungsausschüssen und sonstigen Gremien.

Joachim Naumann
Dipl.-Ing., Ministerialrat

geboren 1945 in Werkel bei Fritzlar, studierte Bauingenieurwesen in Darmstadt. Nach dem Diplom 1972 zunächst Tätigkeit in einem Ingenieurbüro und der Technischen Abteilung einer großen Bauunternehmung. Ab 1976 zweijährige Referendarausbildung bei der Straßenbauverwaltung in Hessen. Nach der 2. Staatsprüfung 1978 Einstellung in die hessische Straßenbauverwaltung. Dort Tätigkeiten im Straßenbauamt Hanau und im Hessischen Landesamt für Straßenbau in Wiesbaden. 1987 Wechsel zum Bundesverkehrsministerium nach Bonn in das Referat Brücken- und Ingenieurbau. Ab 1998 Leiter eines Gebietsreferates mit Zuständigkeit vor allem zum Auf- und Ausbau der Bundesfernstraßen in den Ländern Sachsen, Sachsen-Anhalt und Thüringen. Seit Dezember 2000 als Nachfolger von Herrn Standfuß Leiter des Referates Brücken, Tunnel und sonstige Ingenieurbauwerke. Ebenfalls Mitglied in vielen Normungsausschüssen und sonstigen Fachgremien, u. a. Mitglied in der Stiftung Baukultur.

1
VORWORT

Haben Sie sich, liebe Mitbürgerinnen und Mitbürger schon einmal Gedanken darüber gemacht, wie oft Sie täglich mit Auto, Bus, Eisenbahn oder Straßenbahn, zu Fuß oder mit dem Fahrrad über eine Brücke fahren oder gehen? Haben Sie schon mal darüber nachgedacht, ob diese Brücken tagein und tagaus die vielen Lasten tragen können, die über sie hinweg befördert werden, mit tausenden von Fahrzeugen täglich? Wissen Sie, dass ungezählte Fachleute ständig für Sie im Einsatz sind, damit Sie sich darauf verlassen können, dass die vielen Brücken in Deutschland sicher geplant und gebaut, regelmäßig geprüft und überwacht und unterhalten werden? Und ist Ihnen schon einmal aufgefallen, wie viele schöne, interessante und kühne Brücken es in Deutschland gibt, aus Stein, Holz, Stahl und Beton, kleine über einen Bachlauf über Wege und Straßen und große über tiefe Täler oder breite Flüsse, Bogen- und Balkenbrücken, Hänge- und Schrägseilbrücken, Brücken, die man heben, drehen und hochklappen kann?

Sie werden sagen, dass Sie darüber eigentlich noch nie nachgedacht haben, weil es doch selbstverständlich ist, über Brücken unbesorgt fahren und gehen zu können, über die alten genau so wie über die neuen. Aber natürlich kennen Sie einige von ihnen, die es in Ihrer Stadt und Ihrer näheren Umgebung gibt und die Sie täglich benutzen und sehen. Denn sie gehören einfach dazu, zum Stadtbild, zur Landschaft, zum täglichen Umfeld. Und in Ihrer Kindheit haben Sie vielleicht oft an oder unter einer Brücke gespielt, hindurch fahrende Autos oder Schiffe gezählt und sind über sie zur Schule gegangen oder gefahren.

Gerne würden wir etwas mehr über Brücken erfahren, werden Sie vielleicht sagen, so wie wir uns auch für Schlösser, Burgen, Kirchen, Türme und Hochhäuser interessieren. Aber wir kennen nur wenige, wissen kaum etwas über ihre Baugeschichte, ihr Alter und ihre Größe, die Vielfalt der Konstruktionen, die Schönheit und Eleganz ihrer Tragwerke. Vielleicht bedarf es ja nur einer Anregung, um Ihr Interesse für Brücken zu wecken?

Was liegt also näher, Ihnen in diesem „Brückenbuch" einige vorzustellen, durch eindrucksvolle Aufnahmen und kurze Beschreibungen, eine kleine Auswahl natürlich nur. Sie werden beeindruckt sein, was die Baumeister einer längst vergangenen Zeit und erfindungsreiche Bauingenieure bis in unsere Tage geschaffen haben. Und vielleicht sehen Sie dann „Ihre" Brücke, über die Sie täglich fahren oder gehen mit etwas anderen Augen an als bisher und kommen zu der Erkenntnis, dass die Sicherheit, die lange Lebensdauer und die Schönheit einer Brücke ganz und gar nicht etwas Selbstverständliches sind.

Das wäre ganz im Sinne der Autoren dieses Bildbandes, die sich Jahre lang beruflich mit Brücken beschäftigt und viele eindrucksvolle Fotos gesammelt haben und übrigens bereits einen zweiten Bildband „Brücken in Deutschland für Straßen und Wege" planen.

Wir wünschen Ihnen viel Freude bei der Lektüre dieses Buches und der Entdeckung von Deutschlands Brücken. Und vielleicht verspüren auch Sie etwas von der Faszination des „Brückenbauens", der Königsdisziplin der Bauingenieure.

2
EINFÜHRUNG

Das Bedürfnis der Menschen, Brücken zu bauen, ist wohl so alt wie die Menschheit selbst. Der Drang, natürliche Hindernisse wie Bäche, Flüsse und Schluchten zu überwinden, um ihren Lebensraum zu erweitern, hat die Menschen mit ihrem Erfindergeist schon früh bewegt, zunächst primitive Stege zu bauen. Höchstwahrscheinlich waren es am Anfang eher natürliche Brücken, wie zum Beispiel ein umgestürzter Baum über einen Bach, der eine Überquerung trockenen Fußes ans andere Ufer ermöglichte. Wie sich schließlich von unseren steinzeitlichen Vorfahren bis heute der Bau von Brücken entwickelt hat, ist unglaublich faszinierend und ältester Teil unserer Kulturgeschichte. Diese Entwicklung zu beschreiben und zu bewerten ist aber nicht die Absicht dieses Bildbandes über Brücken in Deutschland. Da ist schon an anderer Stelle viel darüber geschrieben und auch gesagt worden. Nein, eine baugeschichtliche Abhandlung über den deutschen Brückenbau, das soll hier nicht angeboten werden. Vielmehr wird aus der Vielzahl der Brücken eine kleine Auswahl durch kurze Texte und eindrucksvolle Bilder vorgestellt, wobei versucht wird, die Vielfalt unterschiedlichster Baumaterialien und Konstruktionsarten aus verschiedenen Bauepochen beispielhaft zu zeigen und dem technisch Interessierten das spannende Thema Brücken näher zu bringen.

Brücken haben die Menschen zu allen Zeiten fasziniert und ihre Erbauer stets zu neuen Leistungen angespornt. Dabei hat es auch Rückschläge und Bauunfälle gegeben. Und es hat lange gedauert, bis Baumeister und Bauingenieure in der Lage waren, auf Grund von Erfahrungen und der Kenntnis über das Tragverhalten der Baustoffe und auftretenden Beanspruchungen aus Eigengewicht, Verkehrslasten, Wind und Temperatur eine Brücke sicher zu planen, zu berechnen und auszuführen. Heute braucht sich niemand mehr Sorgen zu machen, ob eine Brücke auch wirklich hält. Und dennoch ist Brückenbau trotz vielfach erprobter Berechnungsverfahren immer wieder eine besondere anspruchsvolle Aufgabe für Bauingenieure und erfordert höchste Sorgfalt und Verantwortung aller, die daran beteiligt sind.

Brücken sind Teil unserer gebauten Umwelt und Spiegelbild der Baugesinnung einer Gesellschaft und ihrer Erbauer. Brücken sind deshalb nicht nur Zweckbauten, sondern bedürfen heute mehr denn je einer ausgewogenen und ansprechenden Gestaltung. Warum eine Brücke schön oder hässlich wirkt, ist für den Laien nicht immer leicht zu begründen und oft eine Geschmacksfrage. Für den erfahrenen Planer aber sind die Wahl der richtigen Konstruktion, die Harmonie der Proportionen und die Sorgfalt der Bauausführung die entscheidenden Kriterien für ein ästhetisch ansprechendes Brückenbauwerk.

Planung und Bau von Brücken sind aber nur Teile einer Gesamtaufgabe. Brücken müssen, sollen sie in Ehren ein hohes Alter erreichen, auch ständig überprüft und gepflegt werden, und das über viele Jahrzehnte mit einem nicht zu unterschätzenden Aufwand an erfahrenem Fachpersonal und natürlich auch Geld. Wird diese Daueraufgabe vernachlässigt, kann die Beseitigung von Schäden, die schon allein durch ständige Beanspruchung und Alterung unvermeidbar sind, zu einer teuren Angelegenheit werden. Der Eigentümer eines Hauses weiß, wovon hier die Rede ist! Und nicht zuletzt steht ja auch die Sicherheit der Verkehrsteilnehmer auf dem Spiel.

Deutschland, ein hoch entwickelter Industriestaat in der Mitte Europas, hat eines der engmaschigsten Straßennetze der Welt. Rund 651.000 km sind es, eine unvorstellbare Länge. Nur 12.200 km davon sind Bundesautobahnen (1,8%) und 41.000 km Bundesstraßen (6,4%), die aber beide mit einem Anteil von 47% die Hauptlast des Verkehrs zu tragen haben.

Teuerste Teile der Straßen sind Brücken, aber auch Tunnel und andere Ingenieurbauwerke. Und weil es in Deutschland so viele Straßen gibt, gibt es auch viele Brücken, nämlich rd. 120.000. Auch eine beeindruckende Zahl. Das bedeutet, dass im Mittel alle 5,4 km eine Brücke steht, über die man fährt oder unter der man hindurchfährt. Und um das Spiel mit Zahlen noch etwas fortzusetzen: Auf 680 Einwohner kommt eine Brücke. Und müsste man heute alle deutschen Brücken neu bauen, dann wären dafür etwa 80 Mrd. Euro aufzubringen!

Zunächst werden in diesem Bildband die schönsten noch erhaltenen Beispiele des mittelalterlichen und neuzeitlichen Steinbrückenbaus vorgestellt. Dann folgen Brücken aus Eisen, Stahl, Stein, Holz und Beton, die bis Ende des 2. Weltkrieges gebaut wurden, diesen mehr oder weniger unbeschadet überstanden haben und noch heute ihren Dienst tun und zu besichtigen sind.

Brücken, die nach dem 2. Weltkrieg bis in unsere Tage gebaut wurden, werden anschließend gezeigt. Hierzu gehören eindrucksvolle Beispiele großer Flussbrücken und großer Talbrücken über tiefe und breite Täler, wie sie insbesondere für Autobahnen gebaut werden, aber auch die vielen kleinen Brücken wie z. B. Überführungen über Autobahnen, andere Straßen und Schienenwege sowie Geh- und Radwegbrücken. Eine besonders interessante Konstruktionsart sind die „beweglichen Brücken", wie Klapp-, Hub- und Drehbrücken über Flüsse und Kanäle mit Schiffsverkehr, in See- und Binnenhäfen.

Zum Schluss des Bildbandes sind noch Beispiele zu sehen, wie sich Baumeister, Bauingenieure, Architekten und Künstler aller Zeiten auch um eine ansprechende Gestaltung der Brücken mit Geländern, Brüstungen, Beleuchtung, Symbolen religiöser und weltlicher Art sowie Plastiken aus Stein und Metall gekümmert haben.

Damit man erkennen kann, wo die abgebildeten Brücken zu finden sind, ist im Anhang eine Deutschland-Karte beigefügt, in die alle Brücken, mit einer Nummer versehen, eingetragen sind.

Ganz ohne Fachausdrücke geht es leider nicht, weil jeder Beruf, auch der des Bauingenieurs, seine „eigene Sprache" hat. Deshalb sind zum besseren Verständnis der beschreibenden Texte in einem Glossar die wichtigsten Fachausdrücke des Brückenbaus alphabetisch geordnet aufgeführt und beschrieben.

Und wer sich schließlich etwas mehr mit Brücken befassen möchte, findet noch eine kleine Auswahl an Literatur, die auch für den Nichtfachmann in anschaulicher und leicht verständlicher Weise das Thema Brücken behandelt.

3
STEINBRÜCKEN

Die ältesten sind aus Stein. Doch vorher, und das waren wirklich die ersten, die es in Deutschland gab, hat man Brücken aus Holz gebaut. Von ihnen ist allerdings schon lange keine mehr vorhanden. Doch gelegentlich trifft man noch auf Teile dieser alten Holzbrücken, wie z. B. die Reste einer militärischen Römerbrücke über den Rhein in Koblenz, von der man 1980 gut erhaltene Eichenholzpfähle mit eisenbeschlagenen Spitzen aus dem Wasser zog. Untersuchungen ergaben dann, dass diese sog. Pfahljochbrücke im Jahre 49 n. Chr. von den Römern zur Errichtung eines rechtsrheinischen Brückenkopfes errichtet wurde, aber vermutlich nicht lange Bestand hatte.

Als die Römer, Meister im Bau steinerner Bogenbrücken, Germanien verließen, nahmen sie offenbar auch das Wissen und die Erfahrungen über den Bau von Brücken mit. Erst zu Beginn des 12. Jahrhunderts gab es wieder erste Bemühungen, feste Brücken in Deutschland zu bauen. Und die älteste, die man heute noch bestaunen kann und die über viele Jahrhunderte Hochwasserfluten, mächtigen Eisdruck und kriegerische Gewalteinwirkungen leidlich überstanden hat, führt in Regensburg über die Donau. Dieser bedeutendste Profanbau des Mittelalters in Deutschland wurde von 1135 bis 1146 gebaut und wahrscheinlich von wohlhabenden Regensburger Kaufleuten finanziert.

Alle anderen Steinbrücken, die in Deutschland heute noch vorhanden sind, wurden später gebaut, sieht man von der alten Moselbrücke in Trier ab, deren heutige Gestalt aber erst ab 1190 entstand, jedoch auf Steinpfeilern einer Brücke, die von den Römern nach 140 n. Chr. gebaut worden war.

Trotz der verheerenden Zerstörungen des 2. Weltkrieges gibt es heute noch eine erstaunliche Anzahl schöner alter Steinbrücken, in den Nachkriegsjahren wieder instand gesetzt und von ihren Eigentümern sorgsam erhalten. Man findet sie in besonders reizvollen Gegenden und in alten Städten, wie z. B. Heidelberg, Nürnberg, Erfurt und Wetzlar, aber auch in Großstädten wie Berlin, Hamburg, Dresden, Magdeburg und München. Die meisten von ihnen stehen unter Denkmalschutz und wer sich für diese Meisterwerke und Zeugen einer längst vergangenen Zeit interessiert, dem seien die beiden Bücher „Steinbrücken in Deutschland" [5], [6] empfohlen, in denen über insgesamt 218 dieser schönen alten Bauwerke berichtet wird.

Brücken aus Stein wurden in Deutschland noch bis etwa 1940 gebaut. Es waren damals die großen Talbrücken der Reichsautobahnen, die den Steinbrückenbau nochmals zu einer kurzen aber eindrucksvollen Blüte verhalfen. Manche dieser Zeitzeugen sind noch heute vorhanden, viele aber wurden im 2. Weltkrieg zerstört, einige wieder aufgebaut und inzwischen umgebaut und verbreitert. Längst aber hatte seit Beginn des 20. Jahrhunderts ein neuer Baustoff den Brückenbau erobert, der Beton, der sehr viel preisgünstiger und in unbegrenzter Menge zur Verfügung stand und auch heute noch weltweit den Brückenbau dominiert.

STEINBRÜCKEN

1 Römerbrücke Trier

Eine der ältesten steinernen Brücken in Deutschland ist die alte Moselbrücke in Trier, auch Römerbrücke genannt, weil ihre Pfeiler tatsächlich von den Römern gebaut wurden und zwar in der Zeit um 140 n. Chr. Das äußere Bild der Brücke hat sich im Laufe der Jahrhunderte mehrfach stark verändert. In der ursprünglichen Form hatte sie neun Steinpfeiler, die mit einem hölzernen Sprengwerk-Überbau versehen waren. Die erste zuverlässige Nachricht über die Brücke stammt aus dem Jahre 1008, die massiven Bögen sind aber erst zwischen 1190 und 1490 errichtet worden. 1689 sprengten französische Truppen die Brücke, doch blieben die Pfeiler fast unversehrt. 1718 waren die Bögen wieder aufgebaut, was der Stadt Trier damals rd. 37.250 Reichsthaler kostete. 1839 hat man dann die Brüstungen erneuert und 1931 die Fahrbahn verbreitert.

Als im März 1945 amerikanische Truppen Trier besetzten, fanden sie eine intakte Brücke vor, obwohl sie für eine Sprengung vorbereitet war. Erfreulicherweise ist die Römerbrücke durch die Moselkanalisierung nicht verändert worden, wie dies leider in Koblenz mit der dortigen Moselbrücke geschah. In den Jahren 1957/58 wurden die Bögen verstärkt und 1962/63 erhielt das Bauwerk eine Stahlbeton-Fahrbahnplatte, um auch künftig den schweren Verkehr bewältigen zu können.

Die heute noch vorhandenen acht Pfeiler der 198 m langen Brücke sind zwischen 6,90 und 7,73 m breit und bestehen aus sehr unterschiedlichem Steinmaterial: Kohlentonschiefer, Basalt und Sandstein. Die größte Lichtweite der Bögen aus rötlichem Sandstein beträgt 21,25 m.

Über dem dritten Pfeiler auf der Stadtseite befindet sich ein Christusbild und die Figur des Heiligen Nikolaus, des Patrons der Schiffer, Kaufleute, Bäcker und Schüler.

Wer die über 2000 Jahre alte Stadt Trier besucht, sollte nicht nur die berühmten Bauten der Römer besichtigen, wie die Porta Nigra, die Barbara- und Kaiserthermen, das Amphitheater und die mächtige Basilika, sondern auch der alten Moselbrücke einen Besuch abstatten, die der Stadt und der Landschaft zweifellos zur Zierde gereicht.

STEINBRÜCKEN

2 Werrabrücke Creuzburg

Die im Jahre 1223 unter dem Thüringer Landgraf Ludwig IV. aus Sand- und Kalkstein errichtete Brücke gehört ebenfalls zu den ältesten Deutschlands. Ein großartiges Bild bietet sich, wenn man aus Richtung Eisenach auf der Bundesstraße 7 die oberstrom liegende Betonbrücke passiert: Vor sich den Burgberg von Creuzburg, rechter Hand die steinerne Brücke mit der Liboriuskapelle und dahinter die bewaldeten Hänge eines sehr reizvollen Abschnittes des Werratales.

Die über 780 Jahre alte Steinbrücke lag früher im Verlauf der alten Handels- und Heerstraße „Lange Hessen", die von der niederländischen Grenze über Kassel nach Erfurt führte und die heutige Bundesstraße 7 bildet. Seit dem Bau einer Spannbetonbrücke stromauf im Jahre 1986 und einer grundhaften Instandsetzung des alten Bauwerks 1994 dient die Brücke heute nur noch dem Fußgänger- und Radverkehr und ist Schauplatz des jährlichen Creuzburger Brückenfestes.

Die 86 m lange Brücke besteht aus sieben Kreissegmentbögen mit Lichtweiten zwischen 4,72 und 9,37 m. Auf der rechten Flussseite steht unterstrom die Liboriuskapelle, benannt nach dem Heiligen Liborius.

Die mittleren drei Pfeiler-Vorköpfe, die, wie alle anderen auch, oberstrom als dreieckförmige Eisabweiser ausgebildet wurden, sind bis zu den Brüstungen hinauf als halbkreisförmige Ausrundungen weitergeführt. Die auch auf der Unterstromseite vorhandenen kanzelartigen Austritte mit Sitzbänken aus Sandstein laden zum Verweilen und Betrachten der lieblichen Landschaft ein. Besonders durch die Abendsonne beschienen wirkt der gelbliche Sandstein dieser eindrucksvollen Brücke durch seine Farbvarianten wie ein Gemälde.

STEINBRÜCKEN

3 Krämerbrücke Erfurt

Die Krämerbrücke über die Gera im mittelalterlichen Stadtkern von Erfurt ist die einzige Brücke nördlich der Alpen mit einer beidseitig geschlossenen Bebauung. 1325, also vor über 680 Jahren wurde sie mit sechs steinernen und 19 bis 22 m breiten Bögen errichtet. In der Folgezeit entstanden dann zunächst kleine Fachwerkbuden für den Kramhandel der Kaufleute. Nach einem verheerenden Stadtbrand im Jahre 1472 wurde die Brücke in ihrer heutigen Breite und Form umgebaut, indem man seitlich über die steinernen Bögen hinausragende hölzerne Sprengwerke anordnete, um Platz für die Häuser zu schaffen. Ursprünglich waren es 62, doch im Laufe der Zeit verringerte sich ihre Zahl auf heute 32, die zum Teil bewohnt sind und in denen sich zahlreiche kleine Geschäfte befinden.

An beiden Enden der 79 m langen Krämerbrücke befand sich früher eine Kirche, unter deren Schiff der Torbogen zur Brücke lag. Heute ist nur noch die am Wenigemarkt gelegene Aegidienkirche mit ihrem Turm vorhanden, von dem man einen eindrucksvollen Blick auf die Brückenhäuser beiderseits der schmalen Pflasterstraße hat.

Natürlich steht die Krämerbrücke unter Denkmalschutz, und die Erfurter haben sich schon immer um den Erhalt dieses einmaligen Bauwerks gekümmert. Die umfangreichsten Instandsetzungsarbeiten erfolgten in den Jahren 1985/86, insbesondere an den Steinbögen. Auch die kleinen Fachwerkhäuser, deren Fluchten einen Abstand von gerademal 5,50 m haben, wurden Anfang der neunziger Jahre liebevoll und fachgerecht renoviert.

Schwere Fahrzeuge belasten die alte Krämerbrücke schon lange nicht mehr. Aber wenn jährlich im Sommer das Krämerbrückenfest stattfindet, dann herrscht oft ein mächtiges Gedränge auf der Brücke, und man muss Geduld haben durchzukommen.

STEINBRÜCKEN

4 Alte Mainbrücke Würzburg

Die Alte Mainbrücke in Würzburg ist neben der Steinernen Brücke in Regensburg über die Donau die größte und eindrucksvollste, die in Deutschland noch erhalten ist. Ganze 227 Jahre lang, von 1476 bis 1703, hat man an dieser Brücke gebaut. Zuerst wurden die sieben Pfeiler und die Widerlager errichtet, die mit Holzjochen verbunden wurden. Ab 1512 begann man dann mit dem Bau der acht steinernen Bögen, der sich aber wegen Geldmangel und Streitigkeiten zwischen den Fürstbischöfen und den Würzburger Räten um die Brückenbaulast immer wieder verzögerte.

In der Barockzeit erhielt die Brücke ihre 4,50 m großen zwölf Brücken-Heiligen: St. Totnan, St. Kilianus, Pater Franconia, St. Colonatus, St. Burkadus, St. Bruno, Pipinus, St. Fredericus, St. Josephus, St. Joh. v. Nepomuk, St. Carolus Borromäus und Carolus Magnus, die als „Steinerne Versicherung" eines jeden frommen Brückengängers gelten.

Am 2. April 1945 sprengten deutsche Truppen vor den anrückenden Amerikanern zwei Brückenbögen, die aber schon 1949/50 von der Stadt Würzburg wieder aufgebaut wurden. Doch die Stadt war dazu gar nicht verpflichtet. In einem langen Rechtsstreit entschied schließlich das Bundesverwaltungsgericht 1966, dass der Freistaat Bayern für die Erhaltung der Brücke zuständig ist, und die Stadt bekam ihr Geld zurück.

Die 185 m lange Brücke besteht aus acht Muschelkalk-Steinbögen mit unterschiedlichen Lichtweiten zwischen 17,50 und 12,20 m. Besonders markant sind die mächtigen Pfeiler, die bis zu 8,17 m breit sind und sowohl ober- als auch unterstrom bis in Brüstungshöhe hochgeführt und kanzelartig ausgebildet sind. Hier stehen auch die Brückenheiligen, und steinerne Bänke laden zum Verweilen und Betrachten von Fluss, Wehr und Schleuse ein. Ein Gang über dieses schwergewichtige alte Bauwerk ist ein Erlebnis besonderer Art. Den besten Blick auf die Brücke und die Stadt hat man aber von der Festung Marienberg, die sich auf der linken Mainseite dominant über der Stadt erhebt.

STEINBRÜCKEN

5 Sternbrücke Weimar

In Weimar, der weltberühmten Klassikerstadt, von 1572 bis 1919 Residenz des Herzogtums Sachsen-Weimar, führt am Beginn des Goetheparks eine schöne alte Steinbrücke über die Ilm, die Sternbrücke. Errichtet wurde sie in den Jahren 1651 und 1652 gemeinsam mit dem Stadtschloss von Baumeister Johann Moritz Richter im Auftrag des Herzogs Wilhelm IV. Bis heute ist die Brücke mit ihren drei charakteristischen großen Bögen und den ovalen Öffnungen in den Pfeilern fast unverändert geblieben. Die vierte Öffnung am östlichen Brückenende war ursprünglich als Zugbrücke ausgebildet, später aber durch einen steinernen Bogen ersetzt worden. Durch diesen Bogen fließt ein kleiner Bach mit kristallklarem Wasser, Leutra genannt, der in unmittelbarer Nähe entspringt.

Das Besondere an dieser schönen Brücke aus Muschelkalkstein sind der Treppenaufgang vom unteren Promenadenweg durch den Pfeiler auf die Brücke, die beiden Torpfeiler auf der Ostseite und das schöne schmiedeeiserne Geländer aus dem Jahre 1820.

Die vier kreisförmigen Bögen der rd. 59 m langen Brücke haben Lichtweiten von 13,53 und 13,66 m für den Durchfluss der Ilm, 11,30 m für den Promenadenweg und 5,40 m für die Leutra. Die Breite des nur den Fußgängern und Radfahrern vorbehaltenen Weges über die Brücke beträgt etwa 6,70 m zwischen den Geländern.

Bereits 1980 stellte man an der Brücke erhebliche Schäden fest und begann mit der Planung einer grundhaften Instandsetzung, die aber erst nach der Wiedervereinigung Deutschlands von 1994 bis 1997 durchgeführt werden konnte.

Die Sternbrücke hatte von Beginn an überwiegend repräsentative Bedeutung als Verbindung vom äußeren Stadtpark Webicht über die heutige Leibnizallee zum Schloss. Sie ist eingebettet in das liebliche Ilmtal, die Anlagen des Goetheparks und die beeindruckende Schlossanlage und zählt somit zu den schönsten Plätzen in Weimar.

STEINBRÜCKEN

6 ALTE NECKARBRÜCKE HEIDELBERG

Ein berühmtes Motiv ist Heidelbergs Alte Neckarbrücke mit dem Schloss. Aus dem Stadtbild ist diese Brücke nicht wegzudenken, und sie gilt als eines der eindrucksvollsten Baudenkmäler der alten Universitätsstadt Heidelberg. Man hat sie oft gemalt, gezeichnet und fotografiert, und die Dichter Goethe, Hölderlin, von Brentano, von Scheffel und Gottfried Keller haben sie in ihren Dichtungen gepriesen. Eine ungewöhnlich seltene Ehre für eine Brücke.

Die heutige rd. 200 m lange und 7 m breite Neckarbrücke, die nach ihrem kurfürstlichen Bauherrn Karl Theodor (1742 bis 1799) benannt wurde, ist die neunte am selben Ort. Ihre Vorgängerinnen hatten alle hölzerne Überbauten, die jeweils durch Hochwasser und Eisgang zerstört wurden. Nur die acht Pfeiler sind stets stehen geblieben und tragen seit 1788 neun Bögen aus rötlichem Sandstein aus dem benachbarten Odenwald. Der zweite stadtseitige Pfeiler und der vorletzte auf der rechten Neckarseite haben unterstrom einen bis zur Brüstung hochgeführten Vorkopf, auf dessen kanzelartiger Aufweitung zwei Standbilder postiert sind. Auf der linken Flussseite steht ein überlebensgroßes Standbild des Bauherrn Karl Theodor, um dessen Sockel vier Gestalten gruppiert sind, die die Ströme Rhein, Donau, Neckar und Mosel symbolisieren. Auf der rechten Flussseite steht ein Standbild der Athene als Stadtgöttin und Beschützerin der Wissenschaften. Die Sockelfiguren stellen die Frömmigkeit, Gerechtigkeit, den Ackerbau und den Handel dar. Und am Ende der Brücke auf der Stadtseite befinden sich zwei Türme mit einem barocken Toreinbau.

Aber auch die 218 Jahre alte Neckarbrücke wurde von Schäden und Zerstörungen nicht verschont. Noch kurz vor Ende des 2. Weltkrieges, am 29. März 1945, sprengte die deutsche Wehrmacht zwei der mittleren Pfeiler und mit ihnen drei Bögen. Nicht zuletzt durch die großzügigen Spenden Heidelberger Bürger gelang es, dass die Brücke schon 1947 wieder dem Verkehr übergeben werden konnte.

Die Alte Neckarbrücke in Heidelberg ist auch heute noch ein beliebtes Ziel für viele Besucher aus aller Welt, weil man von hier aus einen besonders schönen Blick auf die Silhouette der Stadt und das oberhalb liegende Schloß hat.

STEINBRÜCKEN

7 ALTE ELBEBRÜCKE PIRNA

Eine beeindruckende steinerne Brücke überspannt mit neun Bögen aus Sandstein die Elbe in Pirna, auch „Tor zur Sächsischen Schweiz" genannt. Schon 1563 plante die Stadt eine hölzerne Brücke über die Elbe, konnte aber die erforderlichen 40.000 Meissnischen Gulden alleine nicht aufbringen. Auch 1828 scheiterte ein zweiter Versuch, diesmal zum Bau einer eisernen Kettenbrücke für 90.000 Taler, weil der Stadt Zuschüsse verwehrt wurden. Erst nach dem Bau der Eisenbahnstrecke von Bodenbach nach Dresden und mit der Planung der Südlausitzbahn von Dresden nach Sohland/Spree kam es zur Genehmigung einer Verbindungsbahn mit einer Brücke über die Elbe in Pirna. So entstand in den Jahren von 1872 bis 1875 eine Brücke aus Sandstein für eine zweigleisige Eisenbahn, eine zweistreifige Straße und beiderseitige schmale Gehwege für 2,15 Mio. Mark. 1928 kam es wegen des erheblich angewachsenen Lkw-, Fußgänger- und Radverkehrs zu einer Verbreiterung der Brücke. Wie so viele andere in Deutschland auch, wurde die Elbebrücke kurz vor Ende des 2. Weltkrieges schwer beschädigt. Am 19. April 1945 bombardierten amerikanische Flugzeuge die Brücke, die nun nicht mehr genutzt werden konnte. Nach dem Bau einer Behelfsbrücke durch die Rote Armee und 600 Pirnaer Bürger ging man schon bald an die Instandsetzung der alten Brücke, die 1948 abgeschlossen werden konnte.

In den vier Jahrzehnten danach wurde die Brücke mehr oder weniger sich selbst überlassen, so dass sich zunehmend Schäden einstellten. Erst in den Jahren von 1992 bis 1996 erfolgte eine gründliche Instandsetzung mit einer erneuten Verbreiterung, die vorbildlich gelungen ist und das Aussehen der Brücke eher noch verbessert hat, wobei man besonderen Wert auf die Gestaltung der Gesimse, Brüstungen und Treppenaufgänge gelegt hat.

Die Elbebrücke ist 295 m lang, und ihre neun Bögen haben Lichtweiten zwischen 16 und 30 m. Die Fahrbahn der heutigen Staatsstraße S 164 ist 7,50 m breit. Überführt wird nur noch ein Eisenbahngleis, und die beiderseitigen Geh- und Radwege sind 2,50 bzw. 3,25 m breit.

Die alte Pirnaer Elbebrücke ist ein sehenswertes Bauwerk und legt Zeugnis ab von der früheren Bedeutung der dortigen Sandsteinindustrie und dem handwerklichen Können ihrer Erbauer.

8 SAALEBRÜCKE BAD KÖSEN

Bad Kösen liegt in einer besonders schönen Gegend am Mittellauf auf der lieblichen Saale zwischen Jena und Naumburg unweit der berühmten Burgen Saaleck und Rudelsburg. Und in der Nähe wächst an den Kalksteinhängen ein vorzüglicher Wein.

Vorzüglich geraten ist auch die steinerne Brücke, die mitten in der Stadt im Verlauf der Bundesstraße 87 die Saale quert. Doch die erste Brücke, die erstmals 1289 erwähnt wird, war aus Holz und diente viele Jahre auch dem Transport von Steinmaterial für den Bau des Zisterzienserklosters „Marienkloster zur Pforte", das auf dem linken Saaleufer gebrochen wurde. Aber wie bei Holzbrücken üblich, mussten im Laufe der Zeit immer wieder umfangreiche Instandsetzungen vorgenommen werden, zu denen die Bürger Naumburgs – Kösen hatte damals nur wenige Einwohner – mehr oder weniger gezwungen wurden. Und so entschied sich der Landgraf von Thüringen für den Bau einer steinernen Brücke, die ab 1454 nachgewiesen ist. Diese Brücke bewältigte über 400 Jahre den Verkehr, bis sie am 25. November 1890 infolge eines gewaltigen Hochwassers einstürzte. Aber schon ein Jahr später stand eine neue, die heutige steinerne Brücke, dem Verkehr wieder zur Verfügung.

Den 2. Weltkrieg überstand das imponierende Bauwerk erstaunlicherweise unbeschadet, weil ein Unteroffizier der deutschen Wehrmacht durch absichtliches Vertauschen der Zündkabel die Sprengung vor den anrückenden Amerikanern verhinderte.

Die 137 m lange Brücke besteht aus vier Kreissegmentbögen mit Lichtweiten von 24,50 bzw. 27 m. Die 11 m breiten Bögen sind aus Klinker und durch Stirnwände aus Sandsteinquadern eingefasst. In den Jahren von 1996 bis 1998 wurde die Brücke gründlich instandgesetzt.

Als markantes Wahrzeichen der unter Denkmalschutz stehenden Brücke befindet sich auf dem Mittelpfeiler unterstrom ein reizvolles Brückenhäuschen, dessen steiles, mit Türmchen verziertes Schieferdach von Sandsteinsäulen getragen wird.

STEINBRÜCKEN

9 OBERBAUMBRÜCKE BERLIN

Es gibt in Deutschland keine Brücke, die mit der Oberbaumbrücke über die Spree in Berlin vergleichbar wäre; ein Prachtbau aus einer Zeit, als man im städtischen Brückenbau noch viel Geld für die Gestaltung ausgab.

Die Vorgängerbrücke aus dem Jahre 1724 war eine rd. 150 m lange Holzbrücke. Ihren Namen bekam sie von einem schwimmenden Baumstamm, der nachts die Spree absperrte um nächtlichen Schmuggel zu verhindern.

Das heutige Brückenbauwerk wurde von 1894 bis 1896 nach einem Entwurf der Berliner Baubehörde in „märkischer Backsteingotik" für Kraftfahrzeuge, Fußgänger, Radfahrer, die Hochbahn und die Straßenbahn für 1,9 Mio. Mark errichtet.

Die Oberbaumbrücke hat sieben Öffnungen. Die mittlere mit einer lichten Weite von 22 m zwischen den beiden 8 m breiten Mittelpfeilern dient dem Schiffsverkehr und wird von zwei 35 m hohen Hauptwachtürmen flankiert. Die jeweils anschließenden flachen Kreissegmentbögen haben Lichtweiten von 19, 16 und 7,50 m und bestehen aus Rathenauer Handstrichziegelsteinen im „Klosterformat". Die U-Bahnlinie 1 fährt in Hochlage über die insgesamt 37 m breite Brücke und im Bereich der Mittelöffnung über einen eleganten bogenförmigen Rahmen aus Stahl.

Während der Teilung Berlins war die Brücke zwischen den Bezirken Friedrichshain und Kreuzberg nicht passierbar und in einen beklagenswerten Zustand geraten. Von 1992 bis 1995 hat die Stadt Berlin dieses einmalige Brückenbauwerk mit einem enormen Kostenaufwand von rd. 73 Mio. DM wieder instand setzen lassen.

Ein Erlebnis ist das überqueren der Spree insbesondere für Fußgänger: Wie ein endloser mittelalterlicher Kreuzgang wirkt der überbaute Gehweg auf der Oberstromseite. Und wer sich für Berlins Brücken interessiert, und davon gibt es in der Bundeshauptstadt immerhin rd. 1000, der darf die Oberbaumbrücke nicht vergessen, dieses großartige, inzwischen nun schon 100 Jahre alte Brückenbauwerk über die Spree.

STEINBRÜCKEN

10 SAALEBRÜCKE RUDOLPHSTEIN

Die rd. 297 m lange Brücke im Verlauf der Bundesautobahn A 9 über das Saaletal bei Rudolphstein aus schönem hellgrauen Granitgestein gehört zu den ersten Großbrücken, die in der Reichsautobahnzeit von 1935 bis 1941 errichtet wurden. Die 1936 fertiggestellte Brücke besteht aus jeweils einem selbständigen Bauwerk für die beiden Richtungsfahrbahnen mit Bogenstützweiten von 31,20 m. Kurz vor Ende des 2. Weltkrieges sprengten Pioniere der deutschen Wehrmacht einen Pfeiler, so dass die Brücke unpassierbar wurde.

Die Saale bildet hier die Grenze zwischen Thüringen und Bayern und war damit bis 1989 auch innerdeutsche Grenze. Nach langwierigen Verhandlungen zwischen der BRD und der DDR gelang endlich eine Vereinbarung zum Wiederaufbau der Brücke durch die DDR, aber auf Kosten der BRD. Ab 1966 war die Brücke für den Transitverkehr benutzbar.

Nach dem Fall der Grenze und dem sprunghaft angestiegenen Verkehr wurde schon bald mit der Planung des sechsstreifigen Ausbaus der A 9 zwischen Berlin und Nürnberg begonnen. Die Verbreiterung der Saalebrücke löste man durch den Bau eines Parallelbauwerks aus Spannbeton für die Fahrtrichtung Berlin und den Umbau bzw. die Zusammenfassung der alten Brücke für die Fahrtrichtung Nürnberg. Um eine möglichst „durchsichtige" Wirkung der neuen Brückenhälfte zu erreichen, wurden dieselben Pfeilerabstände, sehr schlanke achteckige Pfeiler mit einem pilzkopfartigen Kapitell und eine ebenfalls sehr schlanke Fahrbahnplatte gewählt. Neubau und Umbau der Brücke wurden von 1994 bis 1996 für insgesamt rd. 21,7 Mio. DM ausgeführt.

Wenn auch der gewohnte Blick auf das schöne alte Natursteinbauwerk von oberstrom aus nicht mehr uneingeschränkt möglich ist, kann doch das Wagnis „alt neben neu" als gelungen bezeichnet werden.

STEINBRÜCKEN

11 WESTERWÄLDER TOR BEI AEGIDIENBERG

Westerwälder Tor wird sie genannt, die steinerne Brücke über die Bundesautobahn A 3 zwischen den Anschlussstellen Siebengebirge und Bad Honnef/Linz im Verlauf der Landesstraße L 143 zwischen Aegidienberg und Brüngsberg, eine der wenigen noch vorhandenen bogenförmigen Überführungen in Naturstein aus der Reichsautobahnzeit. Wer auf der A 3 aus Richtung Köln in das Logebachtal hinabfährt, sieht diese schöne Brücke plötzlich vor sich, im Übergangsbereich vom Siebengebirge zum Westerwald.

Die 1938 gebaute Brücke besteht aus einem einzigen Bogen aus Grauwacke in verschiedenen Farbtönen mit einer beachtlichen Stützweite von 44,60 m und einer Höhe im Scheitel über der Autobahn von 15,90 m. Durch die jeweils sechs bogenförmig ausgerundeten Aussparungen zwischen Fahrbahn und Bogen wirkt die in ihren Proportionen meisterhaft gestaltete Brücke trotz ihrer Größe leicht und durchsichtig.

Obwohl in den letzten Tagen des 2. Weltkrieges noch heftig in dieser Gegend zwischen deutschen und amerikanischen Truppen gekämpft wurde, blieb die eindrucksvolle Brücke unversehrt. Und auch der sechsstreifige Ausbau der A 3 konnte ohne Eingriffe in das Bauwerk durchgeführt werden, in dem man vor den Kämpfern seitliche Stützwände anordnete, die mit dem gleichen Naturstein wie bei der Brücke verkleidet wurden und jeweils flach in den Böschungen auslaufen.

STEINBRÜCKEN

12 TALBRÜCKE WOMMEN

Eine der wenigen noch vorhandenen Zeugen aus der Zeit des Reichsautobahnbaus ist auch die Talbrücke in Wommen der Bundesautobahn A 4 zwischen Bad Hersfeld und Eisenach. 1938 war mit dem Bau der südlichen Hälfte begonnen worden, aber schon 1940 wurden die Arbeiten kriegsbedingt wieder eingestellt. Unvollendet überstand das Bauwerk die vielen Jahre des 2. Weltkrieges und der Teilung Deutschlands. Wer die Autobahn Richtung Erfurt befahren wollte, musste sie an der Anschlussstelle Wildeck-Obersuhl verlassen und über die B 400 an der Anschlussstelle Wommen wieder auffahren. Auf diese Weise umging man die Talbrücke Wommen.

Als Ende 1989 die innerdeutschen Grenzen fielen, setzte alsbald ein gewaltiger Verkehr ein, der von der zweispurigen Straße der bisherigen Umfahrung nicht bewältigt werden konnte.

Schon bald begann man deshalb mit den Voruntersuchungen und Planungen für den Umbau der südlichen und den Neubau der nördlichen Brückenhälfte für einen sechsstreifigen Verkehr.

Um das Gesamtbild dieses schönen Brückenbauwerks nicht zu beeinträchtigen, wurde die neue Brückenhälfte ebenfalls als Bogenreihe in gleicher Form wie die südliche hergestellt, jedoch aus Kostengründen nicht als Natursteinbögen, sondern in rötlich eingefärbtem Beton, ähnlich dem Farbton des Sandsteins der südlichen Brückenhälfte. Die Pfeiler und Stirnflächen der Bögen sind jedoch mit Sandstein verkleidet und damit dem alten Brückenteil angepasst worden. Die 1992 begonnenen Bauarbeiten konnten im Frühjahr 1995 abgeschlossen werden.

Die 305 m lange Brücke liegt in einem Kreisbogen von rd. 804 m und hat 17 Bögen mit lichten Weiten von je 15 m. Die aus regelmäßigem Schichtenmauerwerk hergestellte alte südliche Bauwerkshälfte besticht nicht nur durch ihre harmonischen Proportionen, sondern auch durch die schönen Farbabstufungen des überwiegend rötlichen Sandsteins und dessen kräftig bossierter Oberfläche; ein Meisterwerk der Brückenbaukunst unserer Väter.

35

36 BRÜCKEN IN DEUTSCHLAND FÜR STRASSEN UND WEGE

4
BRÜCKEN BIS 1945

Für den Bestand an Brücken in Deutschland ist, wie auch in vielen anderen Bereichen, der 2. Weltkrieg eine entscheidende Zäsur. Fast alle größeren Brücken wurden vor allem in den letzten Kriegstagen entweder durch Sprengungen der zurückweichenden deutschen Truppen oder durch die verheerenden Bombardements der Alliierten zerstört oder schwer beschädigt. Ende 1948 waren von den ehemals 6000 Straßenbrücken der Reichsautobahnen und Reichsstraßen nur noch 70% vorhanden, teilweise jedoch mit erheblichen Schäden. Zerstört waren vor allem die verkehrswichtigen Brücken über die Flüsse wie Rhein, Main, Elbe, Donau, Weser, Mosel und Saale. Viele davon wurden zwar zunächst provisorisch wieder aufgebaut, aber meist nur für eine vorübergehende Nutzungsdauer. Und spätestens der 1960 in Westdeutschland einsetzende stürmische Straßenausbau führte dazu, dass viele alte Brücken durch moderne und breitere Neubauten ersetzt wurden. Oder die oftmals viel zu geringe Tragfähigkeit war Anlass, diese Brücken zu ersetzen.

Was also übrig geblieben ist aus der Zeit vor 1945, sind etliche schöne alte historische Holz- und Steinbrücken, die ersten kleinen Brücken aus Schmiede- und Gusseisen, einige genietete große Stahlbrücken aus der Zeit gegen Ende des 19. und zu Beginn des 20. Jahrhunderts und schließlich noch Brücken aus Beton, zunächst in unbewehrtem Stampfbeton und später aus „Eisenbeton". Alle diese Brücken haben heute Seltenheitswert und sind zu Recht inzwischen alle unter Denkmalschutz gestellt worden. Sie aufzusuchen und zu bestaunen ist nicht nur für Fachleute ein Erlebnis. Denn sie sind die letzten noch genutzten, also „unter Verkehr" befindlichen Exemplare einer Brückenbaukunst, die Zeugnis ablegt von dem Können unserer Vorfahren, die bei der Berechnung und dem Bau einer Brücke mit ganz anderen Schwierigkeiten zu kämpfen hatten, als das heute im Zeitalter moderner Baumaschinen, Herstellungsverfahren und durch Computer hergestellte statische Berechnungen und Zeichnungen der Fall ist. Auch war damals das Wagnis, z. B. eine große Stahlbrücke über den Rhein zu bauen, früher wegen geringerer Erfahrungen und noch geringer Kenntnisse über die Eigenschaften der verwendeten Baustoffe, weitaus größer als heute.

Allein schon die Gründung der großen Flusspfeiler bei wechselnden Wasserständen und Treibeis oder die Montage großer Bauteile bei starkem Wind, erforderten viel Mut und Risikobereitschaft der Bauingenieure und Baufachleute. Auch muss man wissen, dass der Bau von Brücken noch bis Mitte des 20. Jahrhunderts schwerste körperliche Arbeit war. Wenn zurzeit des Reichsautobahnbaus in den 1930er Jahren auf einer Großbrücken-Baustelle bis zu 500 Arbeiter tätig waren, findet man heute vielleicht noch 50, die zwar auch noch schwere körperliche Arbeit verrichten müssen, sich aber zur Erleichterung modernster Maschinen und Geräte bedienen können. Wenn man also einer dieser selten gewordenen alten Brücken begegnet, dann sollte man versuchen, sich in die Verhältnisse der damaligen Zeit zu versetzen. Respekt vor den Leistungen der damaligen Brückenbauer ist dann allemal angebracht.

In die Zeit vor 1945 fällt aber auch der Bau der ersten Spannbetonbrücken, wie z. B. die 1936 gebaute Bahnhofsbrücke in Aue (Sachsen), die bis heute erhalten geblieben ist.

BRÜCKEN BIS 1945

13 Eiserne Brücke im Park zu Wörlitz

Ein Besuch der berühmten Parkanlagen von Wörlitz ist ein großartiges Erlebnis. Östlich von Dessau liegt das „Gartenreich", das von 1764 bis Anfang des 19. Jahrhunderts durch Fürst Leopold III. Friedrich Franz von Anhalt-Dessau (1740-1817) und seinem Vertrauten, dem Baumeister Friedrich Wilhelm von Erdmannsdorff (1736-1800) geschaffen wurde.

Ein weit verzweigtes Netz kleiner und größerer Seen, die durch Kanäle verbunden sind, braucht natürlich auch Brücken zum Befahren und Begehen der vielen verschlungenen Wege, mit wunderschönen alten Bäumen, herrlichen Ausblicken, mitten in einer Landschaft, die froh und heiter stimmt.

Eine dieser Brücken ist die 1791 errichtete Eiserne Brücke aus Gusseisen über den Georgenkanal, eine verkleinerte Nachbildung der berühmten gusseisernen Severnbrücke in Coalbrookdale in England, die 1779 gebaut wurde und damals weltweites Aufsehen erregte.

Die Eiserne Brücke in Wörlitz symbolisierte damals den Stand der Brückenbaukunst des ausgehenden 18. Jahrhunderts. Zwar ist ihre Stützweite mit 7,70 m nur etwa ein Viertel so groß wie ihr englisches Vorbild, das mit 30,50 m für damalige Verhältnisse eine bautechnische Sensation war, doch ist die Nachbildung wirklich perfekt gelungen, und das nun schon über 200 Jahre alte Bauwerk ist immer noch in einem erstaunlich guten Zustand.

39

14 Hohe Brücke Berlin-Charlottenburg

Als es im Jahre 1735 im englischen Coalbrookdale gelang, Roheisen mit verkokter Steinkohle anstatt wie bisher mit teurer Holzkohle herzustellen, war dies der Beginn des Eisen- und späteren Stahlbrückenbaus. Und so entstand denn auch die weltweit erste gusseiserne Brücke von 1776 bis 1779 über den Severn in Coalbrookdale aus halbkreisförmigen Rippenbögen, der Form einer steinernen Brücke nachgebildet, mit einer sensationell großen Stützweite von 30,50 m. Ein Nachbau, allerdings im Maßstab 1:4, befindet sich übrigens in den Parkanlagen von Wörlitz, errichtet 1791 durch Fürst Leopold III. Friedrich Franz von Anhalt-Dessau.

Nur wenig später, nämlich 1796, wurde im niederschlesischen Laasan über das Striegauer Wasser die erste gusseiserne Brücke auf dem europäischen Festland gebaut, und im Jahre 1802 entstand im Berliner Schlosspark zu Charlottenburg die zierliche Hohe Brücke über den nördlichen Abfluss des Karpfenteiches, die der Laasaner Brücke sehr ähnlich ist.

Die vier eingespannten gitterartigen Bögen aus gusseisernen Teilen, die in der königlichen Eisengießerei im schlesischen Malapane hergestellt wurden, haben zwischen den massiven steinernen Widerlagern eine Stützweite von rd. 17 m, die Breite zwischen den Geländern für den überführten Parkweg beträgt 3,60 m.

Die Hohe Brücke, der man wegen ihrer feingliedrigen Einzelteile eine dauerhafte Stabilität kaum zutraut, hat dennoch alle Stürme und Kriege der Zeit überstanden und ist mit ihren über 200 Jahren die in unveränderter Form am längsten genutzte Brücke Berlins und ein einmaliges Zeugnis aus den Anfängen des Eisenbrückenbaus in Deutschland.

41

BRÜCKEN BIS 1945

15 Löwenbrücke Berlin-Tiergarten

Die älteste Hängebrücke Deutschlands, man mag es kaum glauben, steht im Tiergarten von Berlin. Als der berühmte Gartenbauingenieur Lenné im Auftrag Friedrich Wilhelm III. den Tiergarten als Landschaftspark in seiner heutigen Gestalt schuf, wurde 1838 auch die reizvolle Löwenbrücke als eine echte Hängebrücke errichtet. Im Vergleich zu den großen Hängebrücken unserer Zeit ist sie mit nur 18 m Stützweite natürlich nur ein Winzling, aber weltweit gibt es keine Hängebrücke, bei der vier ausgewachsene und überaus stattliche Löwen die Aufgabe übernommen haben, jahrein und jahraus den Zugkräften in den beiden Seilpaaren zu widerstehen. Und obwohl sie sich nun schon seit 168 Jahren erfolgreich mit ihren Vorderbeinen gegen die Seilkräfte stemmen, hat man nicht den Eindruck, dass sie jemals ermüden könnten.

Die prächtigen Tiere überstanden den 2. Weltkrieg, nicht aber die kleine Fußgängerbrücke. Als man sie 1957 wieder aufbaute, wurde sie etwas höher gelegt, um die Durchfahrt für Bootsfahrer zu ermöglichen. Und so ist die Löwenbrücke auch weiterhin ein Kuriosum unter Deutschlands Hängebrücken, und wer den Berliner Tiergarten durchstreift, sollte sie sich unbedingt anschauen.

43

BRÜCKEN BIS 1945

16 Rheinbrücke Bad Säckingen

Alte Brücken haben eine oft bewegte Geschichte. So auch die mit 206 m längste überdachte Holzbrücke Europas über den Rhein zwischen Bad Säckingen und der benachbarten Schweizer Gemeinde Stein auf dem linken Ufer.

Die erste Brücke an dieser Stelle ist bereits vor 1270 urkundlich erwähnt. Wie früher bei Flussbrücken mit hölzernen Pfeilern meist unvermeidbar, wurde sie immer wieder durch Hochwasser und Eistrieb zerstört. Im Jahre 1570 entschloss man sich zu einem Neubau, diesmal aber mit massiven Pfeilern aus Mauerwerk. Die Brücke nahm damals ihre äußere Gestalt an, wie sie ähnlich heute noch zu sehen ist. Aber auch kriegerische Handlungen setzten der Brücke zu. Im 30-jährigen Krieg wurde sie 1633 niedergebrannt und erst 20 Jahre später wieder aufgebaut, weil es der Gemeinde Säckingen an Geld fehlte. Nach erneuter Zerstörung 1678 durch die Franzosen erfolgte 1700 ein weiterer Neubau. In dieser Zeit entstanden auch die beiden kleinen Kapellen auf den Pfeilern mit den Standbildern des Heiligen Franz Xaver und des Heiligen Johann von Nepomuk. Die großartige Holzkonstruktion, die von 1785 bis 1803 in drei Bauabschnitten errichtet wurde, ist das Werk des Laufenburger Zimmermanns Blasius Baldischwiler, der das beeindruckende Sprengwerk des Überbaus aus bestem Eichenholz errichtete. Inzwischen war ab 1801 der Rhein zur Staatsgrenze zwischen Deutschland (Land Baden) und der Schweiz (Kanton Aargau) geworden, die Brücke blieb aber im Eigentum der Gemeinde Säckingen. In den Jahren 1843, 1888 und 1926 sind immer wieder Umbauten und Instandsetzungen vorgenommen worden, wobei sich das Gesamtbild der Brücke allerdings kaum veränderte. Brückenzoll wurde bis 1865 erhoben. Das Land Baden übernahm nun die Erhaltung der Brücke. Wegen des Baues des nahe gelegenen Kraftwerks und der damit verbundenen Vertiefung des Rheins mussten von 1960 bis 1964 alle Pfeiler im Inneren durch Betonkerne verstärkt werden. Bis 1979 diente die alte Holzbrücke auch dem motorisierten Verkehr. Nach dem Bau einer Spannbetonbrücke stromab haben seither aber nur noch Fußgänger und Radfahrer das nunmehr ungestörte Vergnügen, dieses Bauwerk zu passieren. Die Erhaltungslast hat aber nun wieder die Stadt Säckingen.

Von den ursprünglich sieben Pfeilern sind heute nur noch sechs sichtbar, weil der siebente in das Ufermauerwerk auf der Schweizer Seite eingebunden ist. Die Stützweiten von rd. 25 m sind für eine Holzbrücke dieses Alters beachtlich. Die Breite der Geh- bzw. Fahrbahn schwankt zwischen 3,40 und 5,00 m.

Bleibt zu hoffen, dass dieses großartige Baudenkmal, das von dem Können einer längst vergangenen Zimmermannsbaukunst zeugt, von seiner Eigentümerin auch viele weitere Jahre gepflegt und erhalten wird.

45

17 Rheinbrücke Mainz-Kastel

Es ist eine geschichtsträchtige Region, in der die Römer zwischen Mogontiacum (Mainz) und Castellum Mattiacorum (Kastel) etwa im Jahre 27 n. Chr. ihre erste feste Brücke über den Rhein bauten. Sie war 600 m lang, hatte 21 steinerne Pfeiler auf rd. 3000 Eichenpfählen und einen hölzernen Überbau mit einer 12 m breiten Fahrbahn. Ein gewaltiges Bauwerk und eine Meisterleistung römischer Brückenbaukunst.

Vermutlich in den Wirren der Völkerwanderung wurde die Brücke zerstört, die Pfeiler blieben jedoch erhalten. Erst 400 Jahre später ließ Karl der Große auf diesen Pfeilern einen neuen Überbau aus Holz errichten, der aber im Jahre 813 völlig abbrannte. Diesmal blieben von den Pfeilern nur Reste übrig, die aber erst ab 1840 beseitigt wurden, weil sie die Schifffahrt behinderten. Den Rhein konnte man nur noch mit Fähren und auf Schiffsbrücken überqueren. Erst 1880 begannen Planungen für eine feste Brücke, die in den Jahren von 1882 bis 1885 gebaut wurde und 3,6 Mio. Mark kostete. Diese Brücke aus fünf flachen schmiedeeisernen Bögen mit Stützweiten von 87-99-103-99 und 87 m ist in ihrer Grundform bis heute erhalten. Aber schon Mitte der 20er Jahre des 20. Jahrhunderts hatte der Verkehr mit Kraftfahrzeugen und Straßenbahn derart zugenommen, dass von 1931 bis 1934 eine Verbreiterung vorgenommen werden musste.

Elf Jahre später, am 17. März 1945, sprengten deutsche Pioniere dieses schöne Bauwerk, eine sinnlose Tat, die zum Schicksal fast aller Rheinbrücken kurz vor Ende des 2. Weltkrieges wurde. Der Wiederaufbau begann 1948 und wurde bereits 1950 abgeschlossen. Diesmal brauchte man dafür rd. 6,2 Mio. DM. Weil der erste Bundespräsident der Bundesrepublik Deutschland, Theodor Heuss, an der feierlichen Verkehrsübergabe teilnahm, trägt die Brücke seit 1968 seinen Namen.

Mit den Jahren zeigten sich an der Brücke zunehmende Schäden, und auch die hohen Lasten des Güterverkehrs gaben Anlass zu einer grundhaften Instandsetzung und Erneuerung. Mit einem hohen Kostenaufwand von rd. 140 Mio. DM wurden sämtliche eisernen Bögen ausgewechselt und der Überbau durch eine stählerne Leichtfahrbahn ersetzt. Das Geld war freilich gut angelegt, denn die Rheinbrücke Mainz-Kastel zählt zu den schönsten Rheinbrücken und ist mit ihrer nunmehr 2000-jährigen Geschichte ein Baudenkmal hohen Ranges.

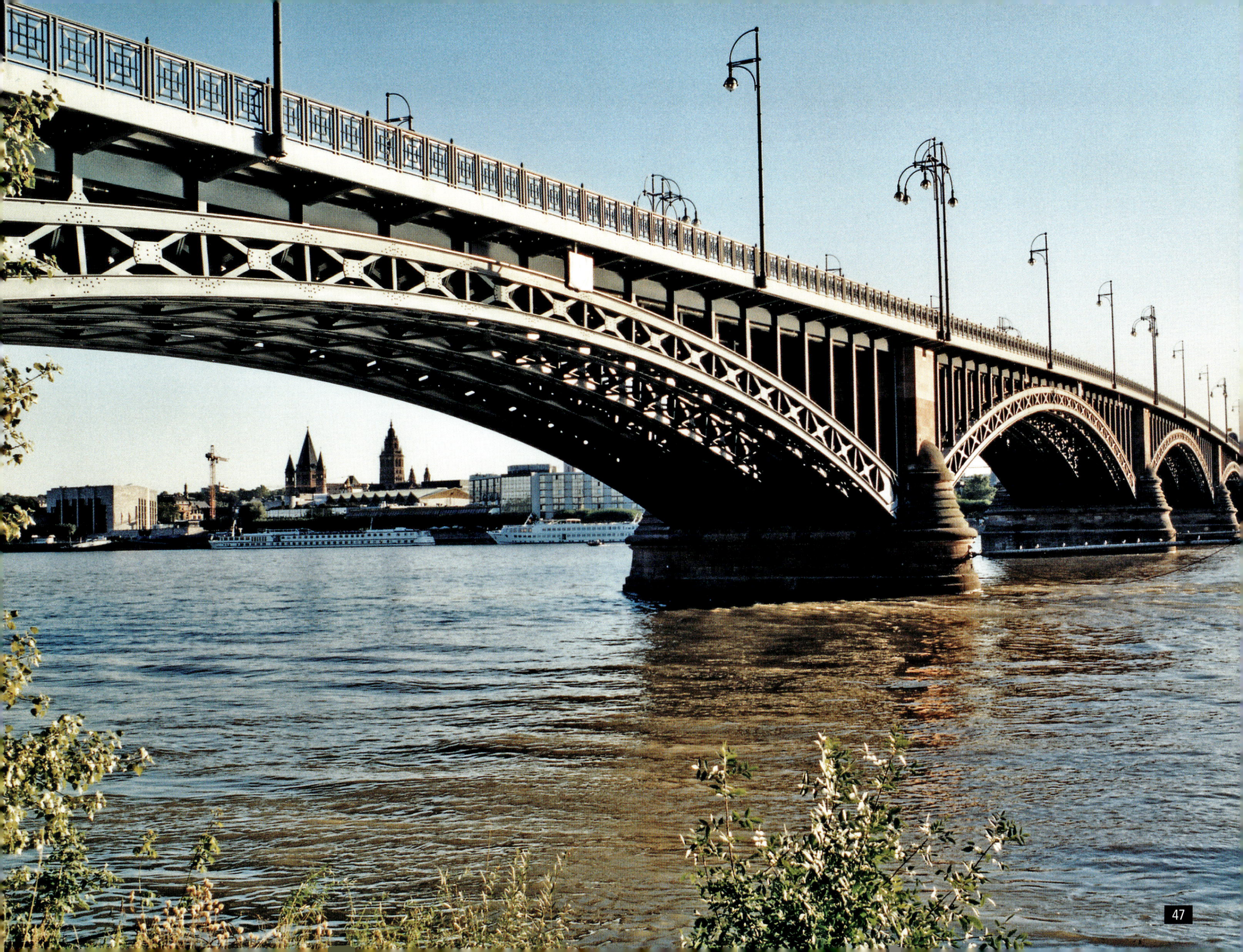

BRÜCKEN BIS 1945

18 Brücke über den Ryck in Greifswald-Wieck

Man glaubt sich in die Niederlande versetzt und an die von Vincent van Gogh 1888 in seinem berühmten Ölgemälde dargestellte Brücke von Langlois in Arles erinnert beim Anblick dieser malerischen hölzernen Doppel-Waagebalkenbrücke, die seit fast 120 Jahren im Greifswalder Stadtteil Wieck den Ryck überquert. Erste Überlegungen zum Bau der Brücke stammen aus dem Jahre 1833. Aber es dauerte noch 43 Jahre, bis das Bauwerk endlich fertig gestellt war, weil immer wieder Streitigkeiten über Zuständigkeiten, Kosten, die Durchfahrtsbreite und vieles mehr den Baubeginn aufschoben. Am 25. Juli 1887, nach siebenmonatiger Bauzeit, war es dann endlich so weit mit der feierlichen Verkehrsübergabe und seither ist an dieser in Deutschland einmalig schönen Brücke äußerlich kaum etwas verändert worden. Dennoch waren, wie bei Holzbrücken unvermeidbar, im Laufe der Jahre zum Teil umfangreiche Instandsetzungen und Erneuerungen erforderlich, die letzten 1993/1994. Mit einem Kostenaufwand von 1,6 Mio. DM ist dieses herausragende technische Denkmal wieder in seinen ursprünglichen Zustand versetzt worden. Brückengeld für die Unterhaltung und für das Öffnen der beiden 13,30 m langen Klappen wurde übrigens noch bis 1993 erhoben: 5 Pfennige für Fußgänger, 20 für Reiter, 15 für Fuhrwerke je Pferd, 15 für bis zu 15 Stück Gänse und 25 für Autos. Seither ist aber die Benutzung der Brücke frei, und Autos dürfen seit 2001 nur noch mit Sondergenehmigung passieren. Insgesamt ist die Brücke rd. 55 m lang, die lichte Durchfahrtsbreite beträgt 10,70 m. Die beiden Portale und die Geländer haben einen weißen Farbanstrich. Die größte Belastung erfährt die zwischen den Geländern nur 5,93 m breite Brücke anlässlich des jährlichen Fischerfestes, wenn sich ungezählte Besucher dicht gedrängt von einem Ufer des Ryck zum anderen bewegen.

49

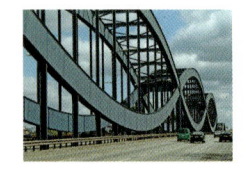

BRÜCKEN BIS 1945

19 Neue Elbbrücke Hamburg

Sie hat eine ungewöhnlich wechselvolle Geschichte hinter sich, Hamburgs Neue Elbbrücke über die Norderelbe im Verlauf der Bundesstraßen B 4 und B 75. Begonnen hatte alles in den Jahren von 1884 bis 1887, als wegen der Zunahme des Verkehrs durch den Hafenausbau zwischen den Stadtteilen Rothenburgsort und Veddel eine 306 m lange dreifeldrige Brücke aus Puddelstahl mit Stützweiten von rd. 100 m gebaut wurde. Die als so genannte „Loseträger", auch Fischbauchträger genannt, mit Fachwerkgurten ausgebildeten Überbauten ruhten auf monumentalen, stadttorartigen, gemauerten Endportalen und zwei massiven Strompfeilern. Die zweistreifige Fahrbahn und die beiderseitigen Gehwege, insgesamt 13 m breit, wurden von an den Bogentragwerken angeschlossenen Hängestangen getragen. Die Unterbauten und Portale hatte man für eine spätere Eisenbahnbrücke gleich doppelt so breit hergestellt.

Nach dem 1. Weltkrieg nahm der Verkehr über die Elbe stark zu, so dass von 1927 bis 1929 eine zweite Straßenbrücke in gleicher Bauart, jedoch mit vollwandigen stählernen Gurten auf den bereits vorhandenen Unterbauten errichtet wurde. Jetzt standen je Fahrtrichtung zwei Fahrstreifen zur Verfügung.

Aber Anfang der 1950er Jahre wurde der Verkehr derart stark, dass weitere Fahrstreifen benötigt wurden. Als Erstes baute man auf der Ostseite der bestehenden Brücke bis 1957 eine dritte für vier Fahrstreifen, allerdings als stählerne Deckbrücke. Dann wurden bis 1959 die 1929 errichteten Fischbauchträger-Überbauten auf die neue Straßenhöhe angehoben, wobei die schönen alten Endportale leider abgebrochen werden mussten. Schließlich wurde die 1887 gebaute Fischbauchträgerbrücke abgebaut. Und an ihrer Stelle errichtete man bis 1960 eine weitere Deckbrücke in gleicher Form wie auf der Ostseite. Somit ist leider nur noch eine der alten Stahlbrücken mit Fischbauchträgern erhalten.

Seither hat die nunmehr 43 m breite Neue Elbbrücke zehn Fahrstreifen, über die täglich 140.000 Fahrzeuge fahren, je vier für den allgemeinen Verkehr auf den beiden äußeren Deckbrücken und zwei im Gegenverkehr auf der „Fischbauchträgerbrücke" für Linienbusse und Taxis. Die eigenartige Form dieser ungewöhnlichen Brücke beeindruckt. In Deutschland gibt es keine weitere ihresgleichen.

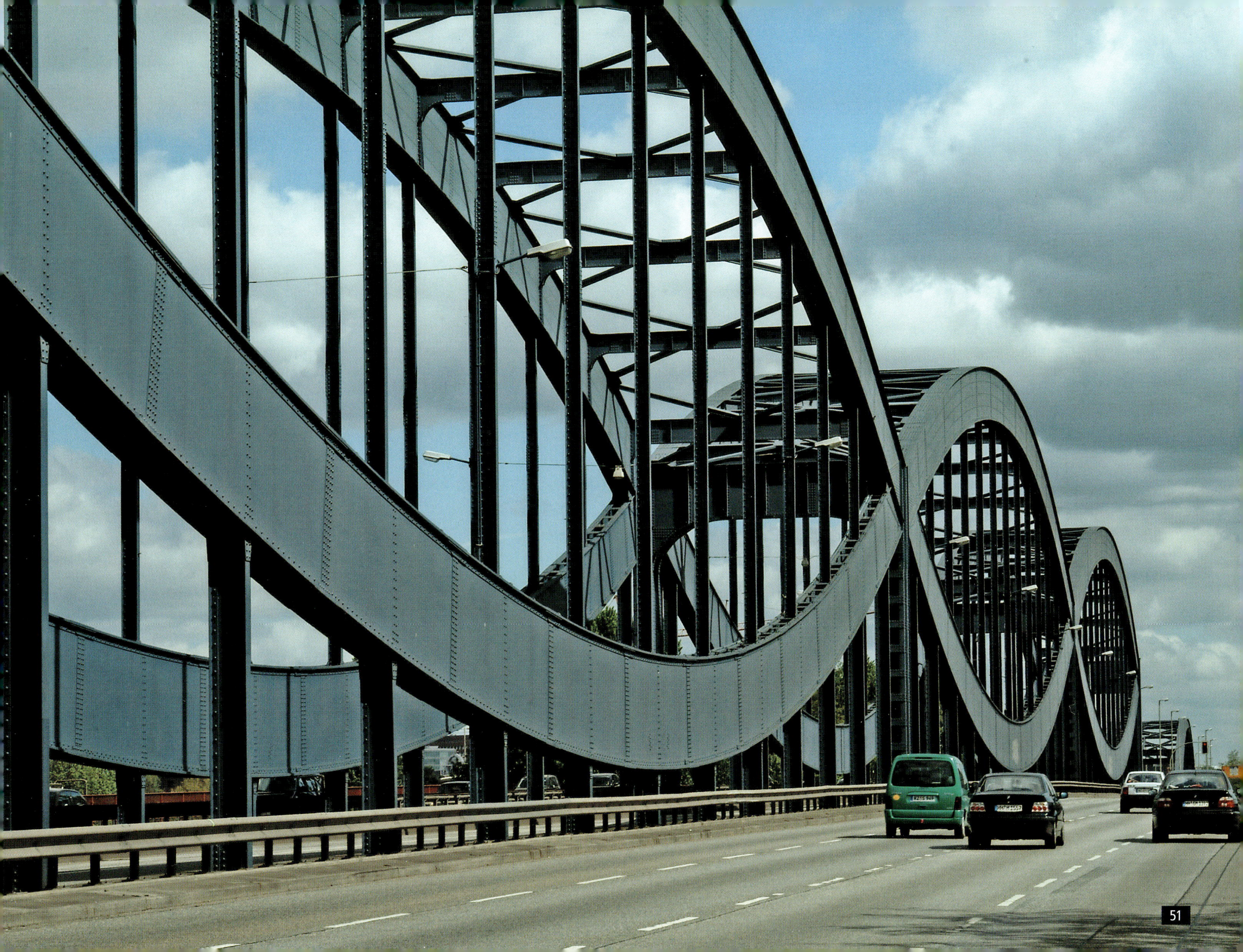

BRÜCKEN BIS 1945

20 Hackerbrücke München

Bei der Zugeinfahrt in den Münchener Hauptbahnhof kann man sie sehen, die Hackerbrücke im Verlauf der Grasserstraße, die mit sechs eisernen Fachwerkbögen die zahlreichen Gleise überspannt und den Namen einer bekannten Brauerei trägt. An dieser Stelle gab es aber schon eine Vorgängerin, nämlich eine 1870 errichtete wenig schöne Fachwerkbrücke als Ersatz für einen höhengleichen Bahnübergang. Da der Straßenverkehr aber mit den Jahren stark zunahm, reichte die insgesamt nur 8,50 m breite Brücke schon bald nicht mehr aus, so dass die Generaldirektion der Bayerischen Staatsbahnen in den Jahren 1891 und 1892 die heute noch vorhandene und wesentlich ansehnlichere Hackerbrücke mit fast doppelter Nutzbreite direkt neben der alten bauen ließ.

Die sechs genieteten und maximal rd. 7 m hohen Fachwerk-Bogenträger aus Schweißeisen (Puddelstahl), an denen eine auf Querträgern aufgelagerte Betonplatte für die 7 m breite Fahrbahn und die außen angeordneten Gehwege aufgehängt sind, haben eine Stützweite von 28,52 m. Ein „mannshoch" liegendes Zugband verbindet die ebenfalls aus Fachwerk bestehenden Hänger und nimmt die Zugkräfte der Bögen auf.

Durch Bombentreffer im 2. Weltkrieg stark beschädigt, war die Hackerbrücke von 1945 bis 1953 unpassierbar. Aber auch nach ihrer Instandsetzung konnte sie wegen geringer Tragfähigkeit nur eingeschränkt befahren werden. Durch zunehmende Schäden musste die Tragfähigkeit schließlich auf nur 6 Tonnen beschränkt werden. Wenn diese schöne alte Brücke nicht inzwischen unter Denkmalschutz gestellt worden wäre, hätte man sie sicher abgebrochen und durch einen modernen Neubau ersetzt. So aber wurde sie für rd. 13 Mio. DM in den Jahren von 1982 bis 1984 grundhaft instand gesetzt, die gesamte Fahrbahnplatte einschließlich der Gehwege durch eine neue aus Stahlbeton ersetzt und die Tragfähigkeit wieder auf 30 t erhöht. Trotz der bautechnisch sehr komplizierten Operation ist die nun schon über 100 Jahre alte Brücke äußerlich nicht verändert worden.

Eine „Belastung" besonderer Art erfährt die Hackerbrücke jedes Jahr zum Oktoberfest, wenn sie zeitweise für den Autoverkehr gesperrt wird, damit die täglich bis zu 100.000 Besucher über die Brücke zu diesem einmaligen Volksfest auf der Theresienwiese gelangen können.

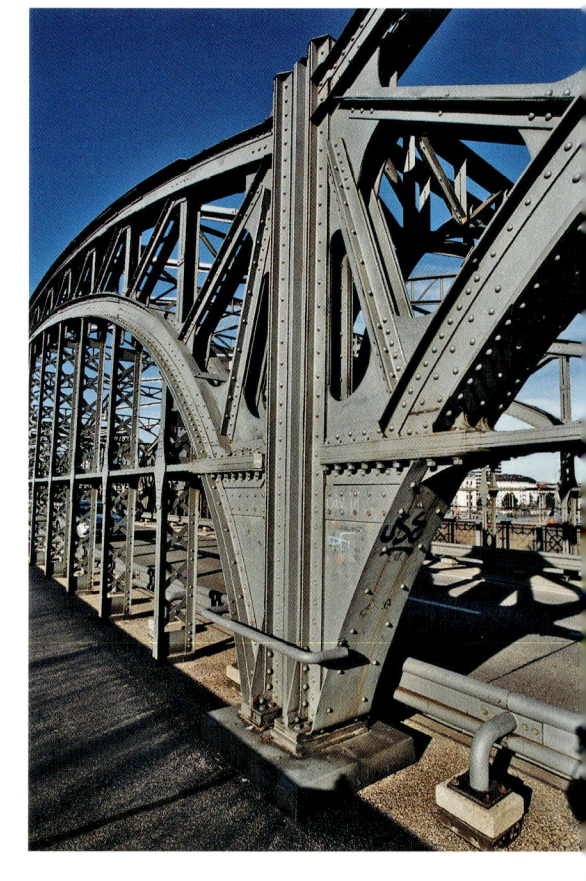

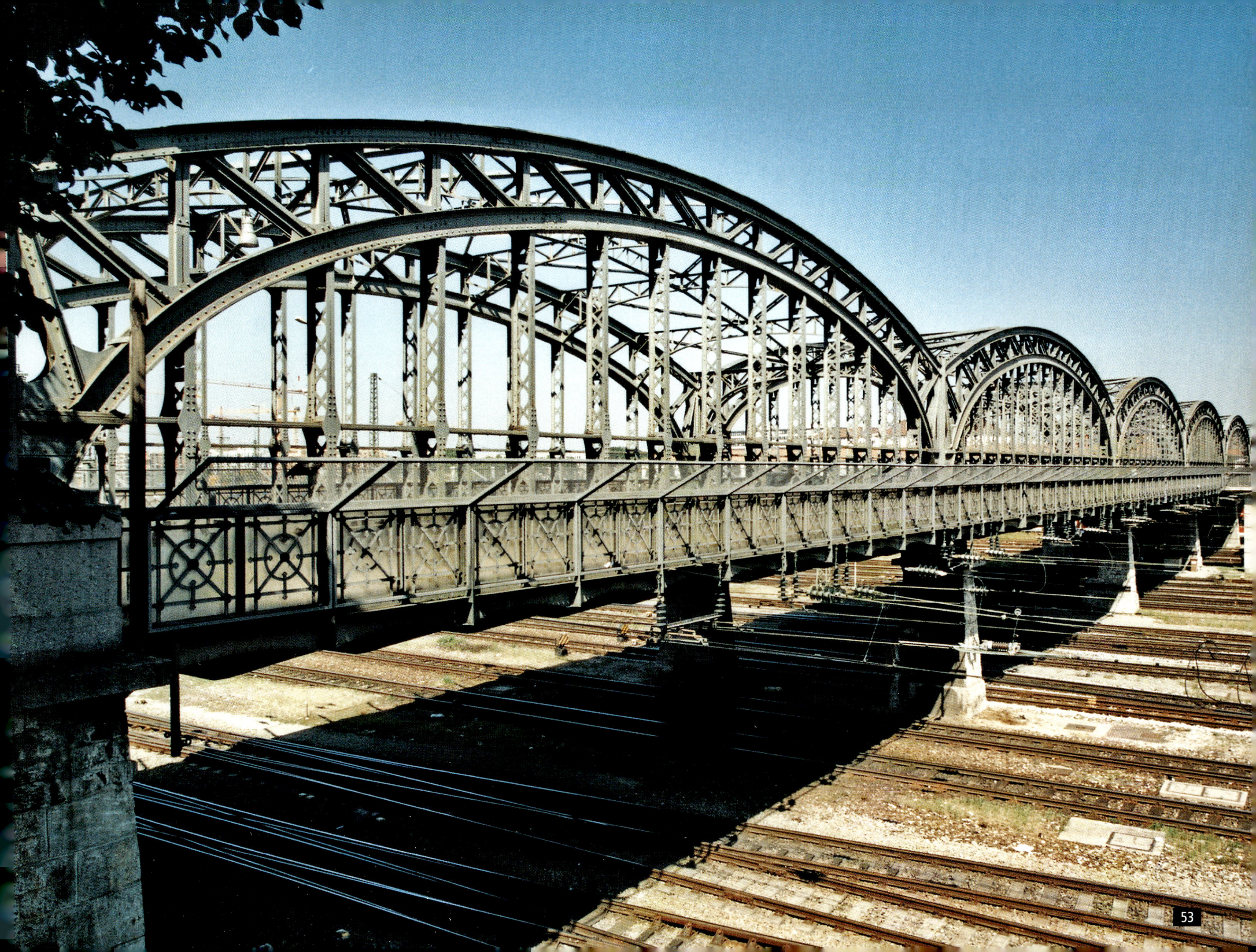

BRÜCKEN BIS 1945

21 Elbebrücke „Blaues Wunder" in Dresden

Es gibt weltweit keine vergleichbare Brücke, die in Dresden zwischen den Stadtteilen Blasewitz und Loschwitz die Elbe quert. Ursprünglich in grüner Farbe, verwandelte sich diese im Laufe weniger Jahre in blau, weshalb die Brücke im Volksmund auch das „Blaue Wunder" genannt wird. Eigentlich trifft die Bezeichnung Wunder eher auf die Konstruktion der Brücke zu, denn was der Professor und Geheime Finanzrat Claus Koepcke da entworfen hatte, ist eine ungewöhnliche stählerne Hängebrücke, bei der die Zugglieder – heute bei Hängebrücken als Drahtkabel ausgebildet – durch fachwerkartige Gitter mit dem Fahrbahnträger verbunden sind. Diese beiden „steifen Wände" haben die Aufgabe, unerwünschte Schwankungen der Brücke durch Verkehrslasten und einseitige Belastungen auf ein erträgliches Maß zu beschränken, was auch gelang.

Die Brücke hat eine Mittelöffnung von rd. 147 m und zwei Seitenfelder von je rd. 62 m. Die Höhe der beiden Pylonrahmen beträgt 23 m über der Fahrbahn. Die vier Zugglieder sind an den Brückenenden in massiven und begehbaren Kammern verankert und dort mit Gegengewichten aus schwerem Schlackenbeton versehen.

Das „Blaue Wunder" wurde in den Jahren von 1891 bis 1893 gebaut und überlebte unbeschadet auch den 2. Weltkrieg. Aber die Erhaltung dieses beeindruckenden Bauwerks ist für die sächsische Landeshauptstadt Dresden keine leichte Aufgabe, zumal die für den Korrosionsschutz immer wieder erforderlichen Beschichtungen der insgesamt 3.200 Tonnen Siemens-Martin-Stahl eine Fläche von rd. 20.000 Quadratmeter ausmacht.

Ohne Frage ist diese Brücke auch heute noch eine besondere Attraktion, was sogar im Jahre 2000 die Deutsche Post bewogen hatte, zu Ehren dieses einmaligen Ingenieurbauwerks eine Sonderbriefmarke herauszugeben.

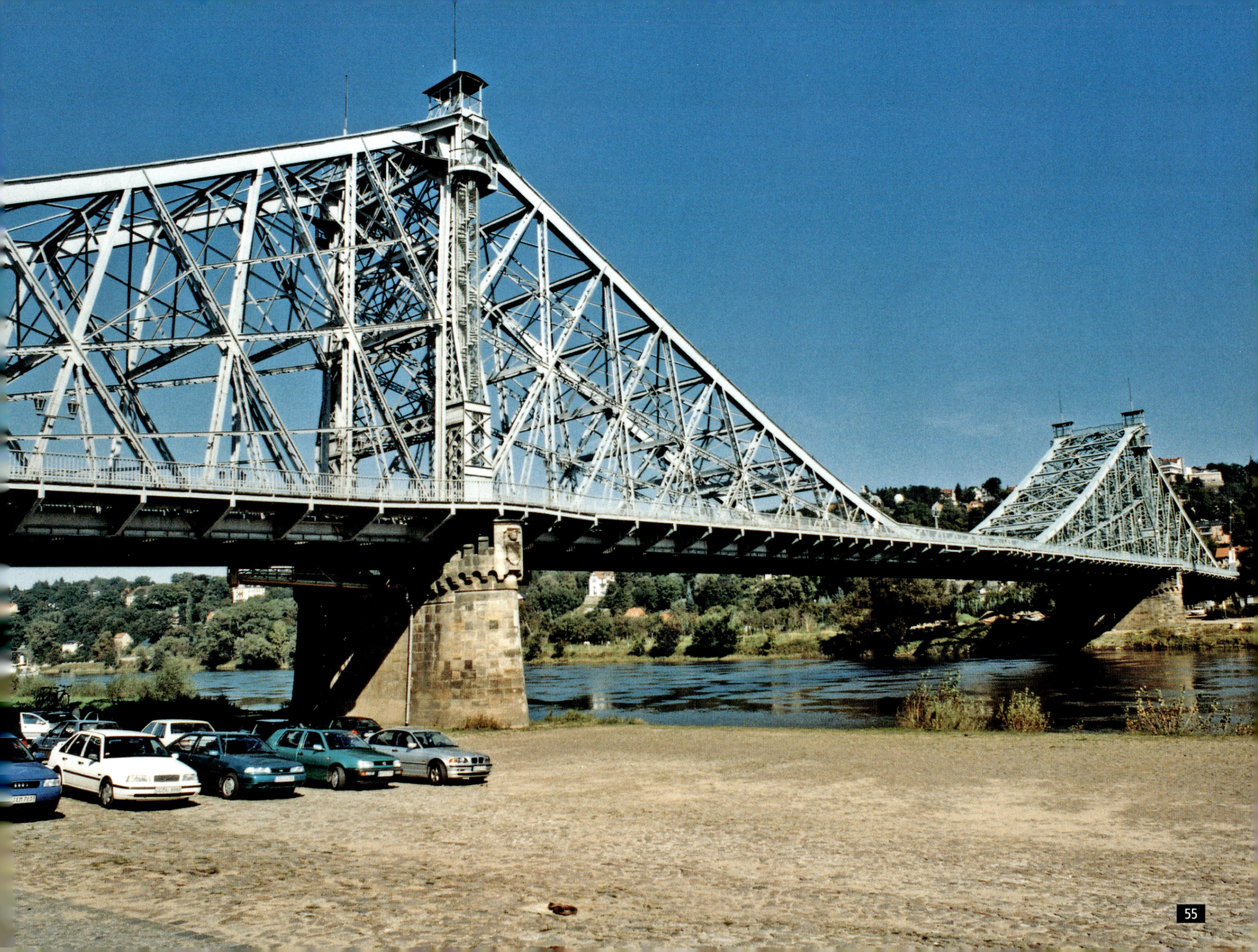

BRÜCKEN BIS 1945

22 Argenbrücke Langenargen

Ein Juwel unter den deutschen Brücken ist die 1897 errichtete seilverspannte Straßenbrücke über die Argen zwischen Kressbronn und Langenargen am Bodensee. Die vier 9 m hohen Pylone aus kunstvoll gearbeitetem Mauerwerk stehen auf beiden Seiten des Flüsschens im Abstand von 72 m und nehmen die beiden Tragseile auf, die rückwärtig in kellerartigen Betonbauwerken verankert sind. Der nur 6,20 m breite Fahrbahnträger ist ein stählernes Fachwerk.

Beachtlich ist bei Deutschlands zweitältester Hängebrücke, dass man seinerzeit bereits hochwertige Stahldrähte verwendete, die aus Gussstahl bestehen und mit einer Zinkschicht zum Schutz gegen Korrosion versehen wurden. 74 solcher Drähte hat jedes Seil mit einem Durchmesser von 133 mm und einer Länge von je 130 m. Gekostet hat diese schöne Brücke damals 7968 Mark.

Vor der feierlichen Einweihung am 25. Januar 1898 gab es Zweifel an der Tragfähigkeit dieser für die damalige Zeit neuen Bauweise. Um alle Befürchtungen zu zerstreuen, belud man die Brücke mit 3000 Zentner Kies und stellte noch eine 300 Zentner schwere Dampfwalze drauf. Die Brücke hielt und begeistert seither nicht nur die Bewohner von Kressbronn und Langenargen wegen ihrer Leichtigkeit und Eleganz. Obwohl die Brücke Zeit und Belastungen gut überstanden hat, zeigten sich doch in den 60er Jahren des 20. Jahrhunderts derart schwerwiegende Schäden an den Fahrbahnträgern, dass man an ihren Abbruch dachte. Die Seile waren allerdings noch erstaunlich gut erhalten. 1977 baute man dann in der Nähe eine neue Argenbrücke und übergab das ehrenwerte alte Bauwerk dem Fußgänger- und Radfahrverkehr. Nach einer grundhaften Instandsetzung 1982 für 450.000 DM bleibt die unter Denkmalschutz gestellte Brücke erfreulicherweise als Kulturdenkmal weiterhin erhalten.

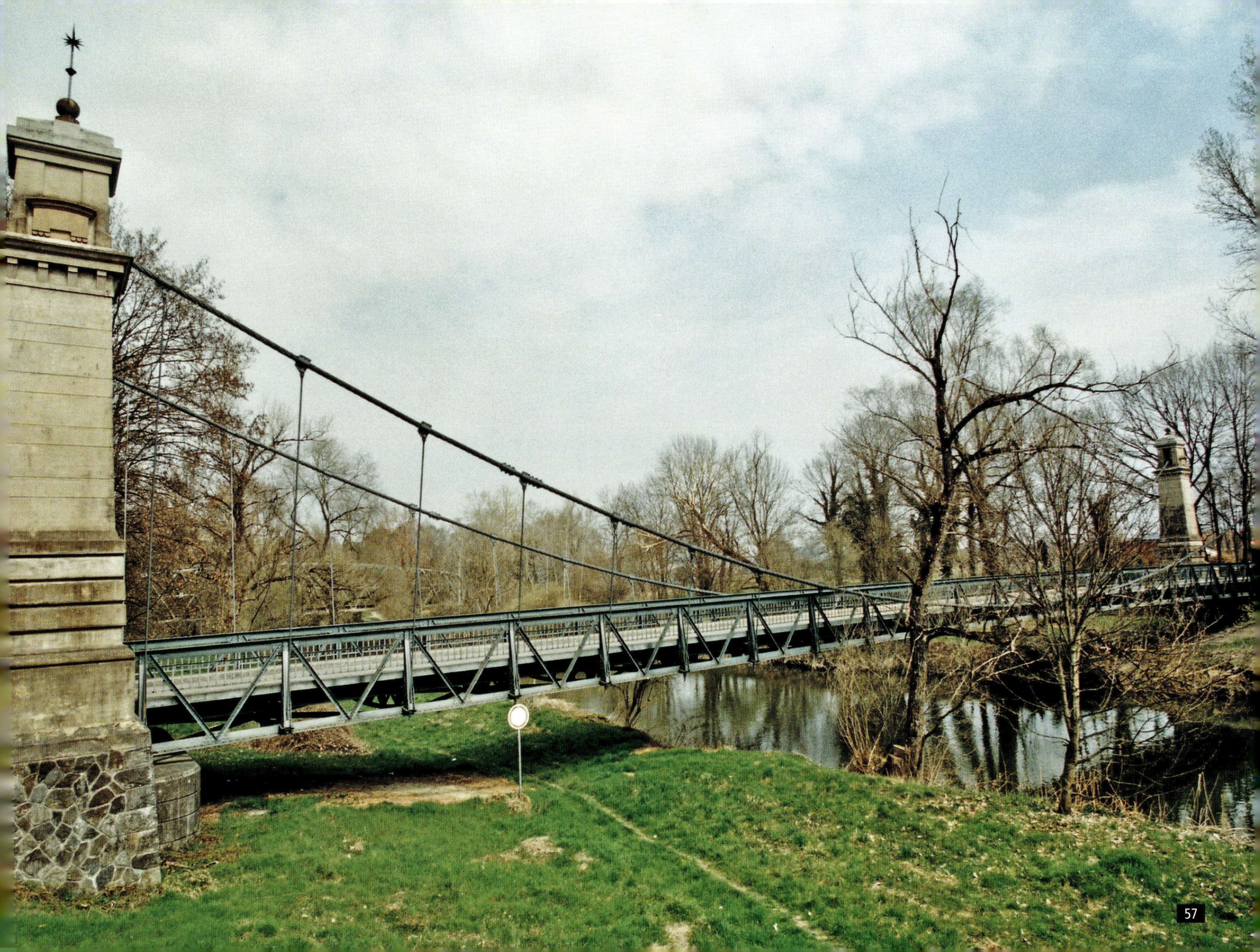

23 Havelarmbrücke Zehdenick (Kamelbrücke)

Nur wenige werden sie kennen, die kleine kamelhöckerige Fußgängerbrücke in Zehdenick nördlich von Berlin an der Einfahrt von der Havel in die Kliennitz gelegen, am Rande der Schorfheide in einer wunderschönen Landschaft mit Wäldern und Seen. Ihren Namen hat die 1898 gebaute Brücke wegen ihrer zum Scheitel hin mit 27% stark ansteigenden Rampen erhalten, die ihr ein höckerförmiges Aussehen verleiht, was zur Bezeichnung „Kamelbrücke" führte.

Die kleine Brücke ist nur 24 m lang und besteht aus einem korbbogenförmigen Mittelteil von 12 m Stützweite und zwei 6 m langen Endfeldern. Das Tragwerk wird von zwei leicht zueinander geneigten und nur 8 mm dicken Eisenblechen gebildet, die im Pfeilerbereich mit kreisrunden Öffnungen versehen und untereinander durch diagonal sich kreuzende Winkelprofile und rechtwinklig liegende Träger verbunden sind. Die Durchfahrtshöhe über dem Havelarm am nördlichen Stadtrand beträgt rd. 3,40 m. Die beiden Pfeiler der leichtgewichtigen Brücke stehen auf je drei schräg gestellten 6 m langen Rundholzpfählen von 35 cm Durchmesser, die am Kopf zusammengefasst und mit einem Querbalken verbunden sind. Auf diesem ist die Blechkonstruktion mit Winkeln angeschlossen. Damit die Holzkonstruktion durch Luftzutritt nicht verrottet, liegt sie unsichtbar nur wenige Zentimeter unter dem niedrigsten Wasserstand der Havel. Die beiden Auflager haben nur zwei Pfähle mit einem verbindenden Querbalken. So einfach kann Brückenbau sein!

Das erfreuliche Bild dieser reizvollen kleinen Brücke wird abgerundet durch ein 90 cm hohes Geländer aus Eisenprofilen, das durch sich kreuzende Diagonalen zwischen den Pfosten ausgefüllt ist. Die im Scheitel 2,80 m und an den Rampenenden 3,50 m breite Gehbahn besteht aus Holzbohlen.

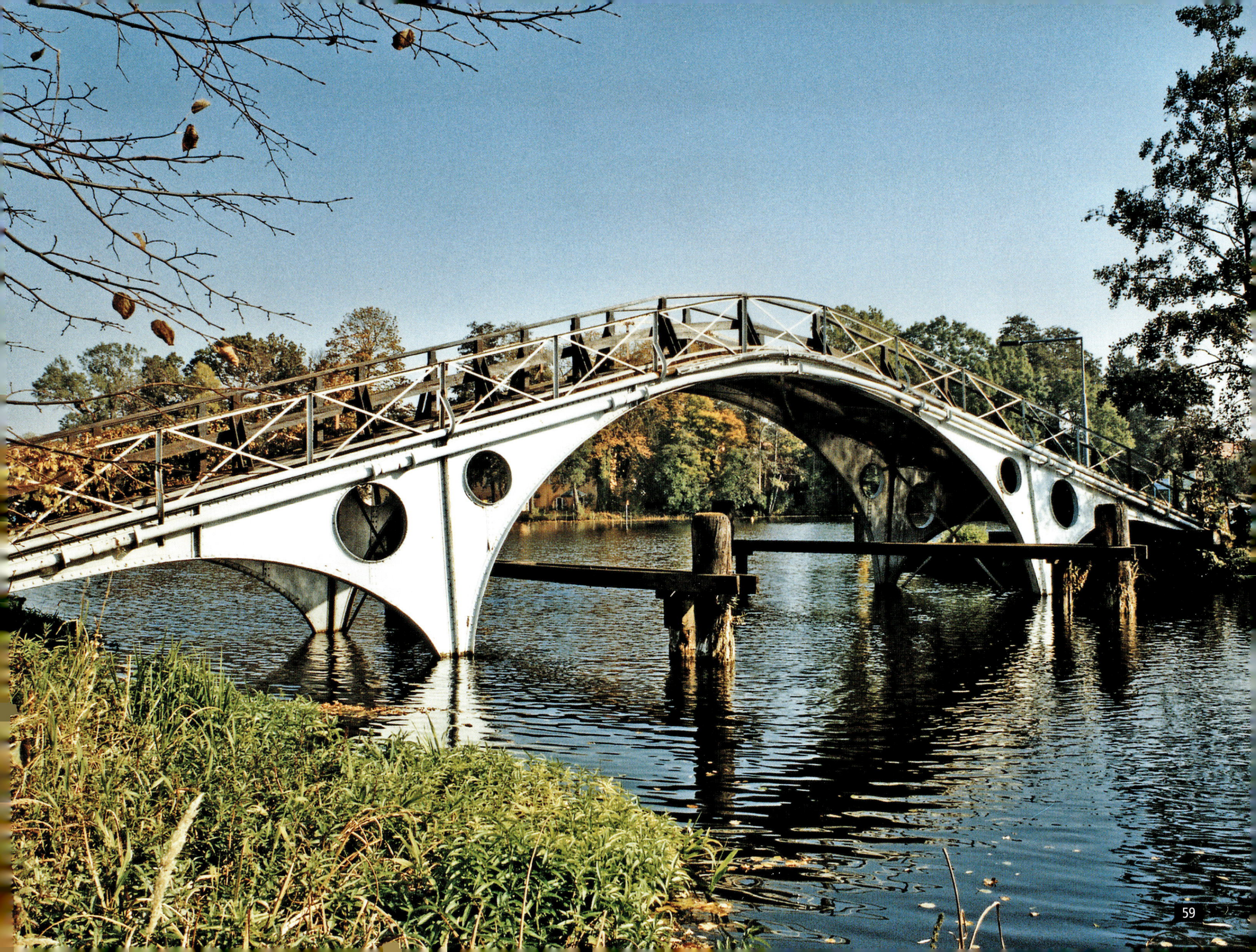

BRÜCKEN BIS 1945

24 Glienicker Brücke Berlin/Potsdam

Wer hat nicht schon mal den Namen dieser Brücke gehört, als mitten durch Deutschland noch die Grenze zwischen West und Ost verlief? Dort, wo die Havel die „große Insel" Potsdam erreicht, steht dieses eindrucksvolle Bauwerk im Verlauf der Bundesstraße B 1, das im Jahre 1907 über den südlichen Arm der Havel errichtet wurde.

Aber zuerst gab es ab 1660 an dieser Stelle zwischen Berlin und Potsdam eine hölzerne Brücke, die 1834 durch eine massive Brücke aus Ziegelmauerwerk nach einem Entwurf des berühmten Baumeisters Karl Friedrich Schinkel ersetzt wurde. Diese Brücke hatte in der Mitte eine einflügelige Klappe für die Schiffsdurchfahrt und eine Fahrbahnbreite von lediglich 6,45 m.

Mit zunehmendem Verkehr sowohl auf der Havel als auch zwischen Berlin und Potsdam wurde die Brücke aber immer mehr zum Engpass, und so wurde sie trotz der Proteste der Denkmalschützer und ohne Rücksicht auf ihren berühmten Erbauer abgebrochen, ein Entscheidung, die heute kaum noch durchsetzbar wäre.

An ihre Stelle trat die noch heute vorhandene stählerne, dreifeldrige, fachwerkversteifte Zügelgurtbrücke mit einer Gesamtlänge von 128 m, einer 74 m breiten Mittelöffnung für Schiffsdurchfahrten und einer 22 m breiten Fahrbahn. Auf den Spitzen der beiden bogenförmig ausgerundeten Pylon-Rahmen standen ursprünglich kleine Stahltürmchen, die man aber 1931 wegen zu hoher Erhaltungskosten wieder entfernte.

1945 wurde die Brücke gesprengt und 1947 unter großen Schwierigkeiten wieder aufgebaut. Seither fehlen die beiderseits auskragenden Gehwege, die aus Gründen der Gewichtsverminderung nicht wieder angebracht wurden.

„Brücke der Einheit" wurde das Bauwerk wie zum Hohn von der DDR genannt. Mehr als unpassend, denn ab 1952 war die Glienicker Brücke für den öffentlichen Verkehr gesperrt worden und dann fast 40 Jahre lang nur noch für die Militärmissionen der vier Siegermächte passierbar. Berühmt-berüchtigt ist die Brücke in dieser Zeit durch den Austausch von Agenten während des „Kalten Krieges" geworden. Aber diese Zeit ist Gott sei Dank vorbei, und heute denken wohl nur noch wenige Menschen beim Überqueren der Glienicker Brücke an die ehemalige Teilung Deutschlands.

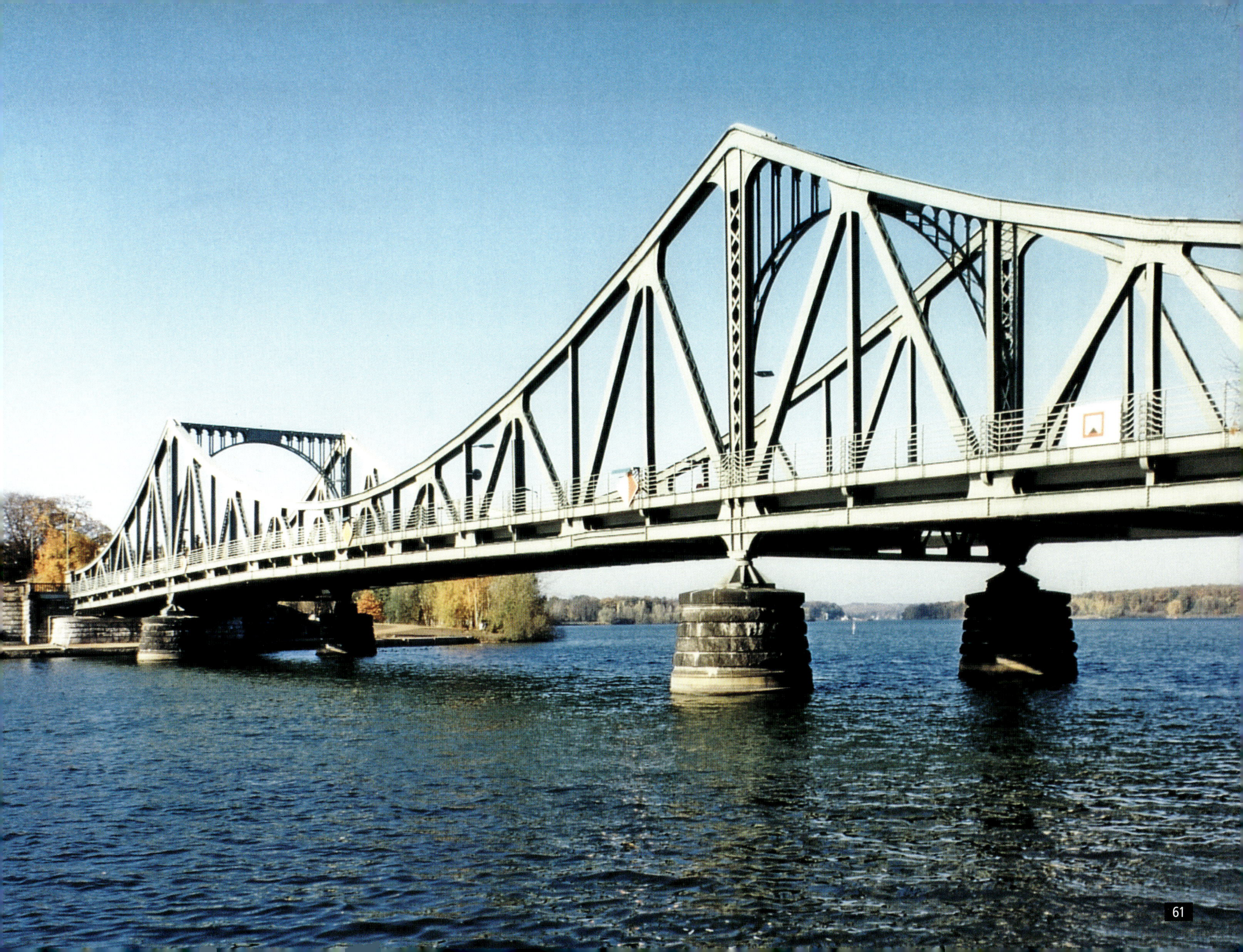

25 Kaiser-Wilhelm-Brücke Wilhelmshaven

Nicht weit entfernt vom Hauptbahnhof Wilhelmshaven in Richtung Hafengelände und unweit der Einmündung des Ems-Jade-Kanals in den Großen Hafen steht seit nunmehr fast hundert Jahren eine Brücke, die Seltenheitswert hat: Deutschlands größte und noch heute in Betrieb befindliche Drehbrücke. Genauer gesagt ist es eine symmetrische Doppeldrehbrücke mit Hubwerken, die in den Jahren von 1905 bis 1907 nach einem Entwurf von Oberbaurat Ernst Trosche und unter seiner Leitung von der Maschinenfabrik Augsburg/Nürnberg (MAN) für 1,635 Mio. Goldmark gebaut wurde.

Im Abstand von 79,50 m stehen auf zwei großflächigen Fundamenten zwei stählerne, genietete Fachwerkpfeiler mit einem Durchmesser von 9,50 m, auch Drehstühle genannt, die in rahmenartige Pylone übergehen und über Zügelgurte und vertikale Hänger den beidseitig auskragenden Fahrbahnträger tragen. Wenn eine Schiffsdurchfahrt erfolgen soll, werden zunächst die beiden Drehstühle mit den Pylonen und Fahrbahnträgern angehoben und über Zahnräder in gleicher Richtung um neunzig Grad aus der schrägen Querfuge in Brückenmitte herausgedreht. Die Fahrrinne ist nun frei. Das Schließen der Brücke erfolgt in umgekehrter Richtung.

Die beiden Seitenfelder der Drehbrücke haben Stützweiten von 39,75 m, und die Breite des Überbaus beträgt 8 m, davon 4 m für die Fahrbahn. Die Durchfahrtshöhe von 9,00 m ist bei einem mittleren Hafenwasserstand von + 1,10 m ü. NN gegeben. In Anbetracht ihres hohen Alters dürfen nur noch Kraftfahrzeuge mit einem zulässigen Gesamtgewicht von höchstens 3,5 t die Brücke im einspurigen Richtungsverkehr befahren. Der ursprüngliche Fahrbahnbelag bestand aus Eichenholzbohlen, die im Jahre 1978 durch eine orthotrope Stahlfahrbahn ersetzt wurde. Es spricht für die Eigentümerin dieses einmaligen technischen Baudenkmals, dass es – offenbar in gutem Erhaltungszustand – auch nach so langer Zeit noch genutzt werden kann und längst ein Wahrzeichen der Stadt Wilhelmshaven geworden ist.

Und im August 2007, so ihre Ankündigung, wird die Deutsche Post zu Ehren dieses einmaligen technischen Baudenkmals eine Sonderbriefmarke herausgeben.

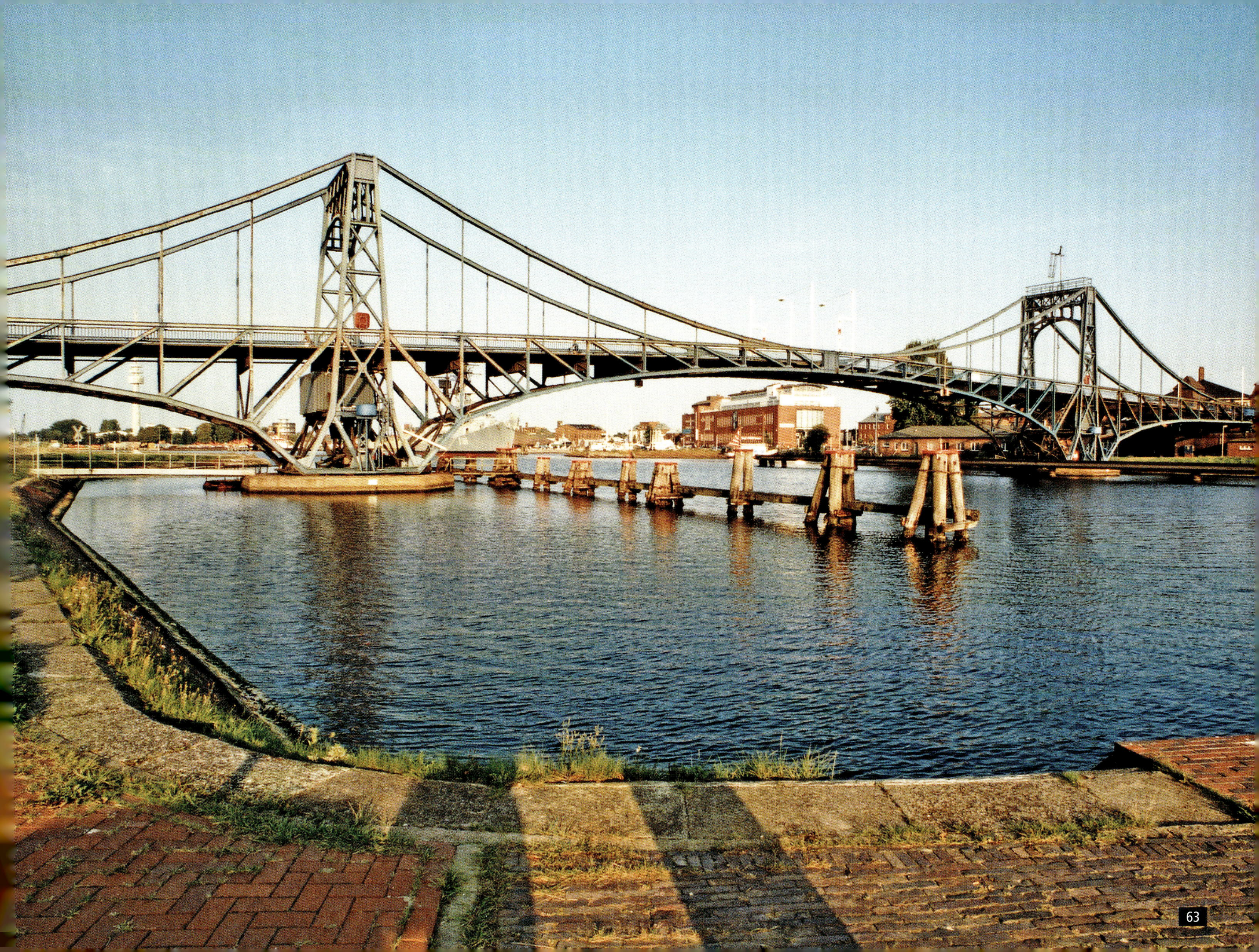

26 Schwebefähre über die Oste in Osten

Auf der Fahrt von Wischhafen an der Elbe über die Bundesstraße B 495 in Richtung Bremervörde kommt man kurz vor Hemmor in die kleine Gemeinde Osten und sieht schon von weitem das große stählerne Fachwerkgerüst der Schwebefähre über dem Fluss. Man zögert, dieses seltsame Gebilde als Brücke zu bezeichnen, allenfalls als eine bewegliche. Da es aber in Deutschland keine zweite dieser Art gibt, von der nicht ganz vergleichbaren Schwebefähre an der Eisenbahnbrücke über den Nord-Ostsee-Kanal bei Rendsburg abgesehen, darf sie in diesem Bildband nicht fehlen.

Ursprünglich gab es hier an diesem verkehrsreichen Flussübergang nur eine Prahmfähre, deren Leistungsfähigkeit Anfang des 20. Jahrhunderts erschöpft war. Eigentlich sollte an ihrer Stelle eine Drehbrücke errichtet werden, doch hätte wegen des regen Schiffsverkehrs das häufige Öffnen der Brücke den Straßenverkehr zu sehr behindert. Und so kam man auf die Idee, einen zwischen den beiden Flussufern verfahrbaren Fährwagen zu bauen, der, mit einem fachwerkartigen Hängegerüst verbunden, auf einer Rollbahn auf den Untergurten eines 8 m hohen und 80 m weit gespannten Fachwerkträgers bewegt werden kann. Dieser wahrlich „großformatige" und nicht zu übersehende Träger ist auf beiden Seiten der Oste mit in Längsrichtung dreieckförmigen und in Querrichtung gespreizten Fachwerkstützen fest verbunden, so dass er sowohl in Längs- als auch in Querrichtung genügend steif und stabil ist. Die Unterkante des Fachwerkträgers liegt rd. 27 m über der Oste. Der 16 m lange und 4,30 m breite Fährwagen mit einer Tragfähigkeit von rd. 18 t braucht für eine Überfahrt etwa 6 Minuten, die heute pro Person 1,50 Euro kostet.

Die im Jahr 1908/1909 gebaute Schwebefähre wurde 1974 stillgelegt, weil im selben Jahr in unmittelbarer Nähe eine feste Brücke für die B 459 dem Verkehr übergeben wurde. 1975 stellte man das einmalige Bauwerk unter Denkmalschutz, nunmehr im Eigentum des Kreises Land Hadeln. Seither kümmert sich die „Fördergesellschaft zur Erhaltung der Schwebefähre Osten e.V." mit viel Einsatz um die Erhaltung des technischen Baudenkmals, was nicht gerade billig ist. 1975/1976 wurden 235.000 DM ausgegeben und 2005/2006 waren sogar 1,7 Mio. Euro erforderlich. Heute dient die Schwebefähre nicht mehr dem öffentlichen Verkehr, sondern als Attraktion der Förderung des Fremdenverkehrs. Ein Besuch lohnt allemal.

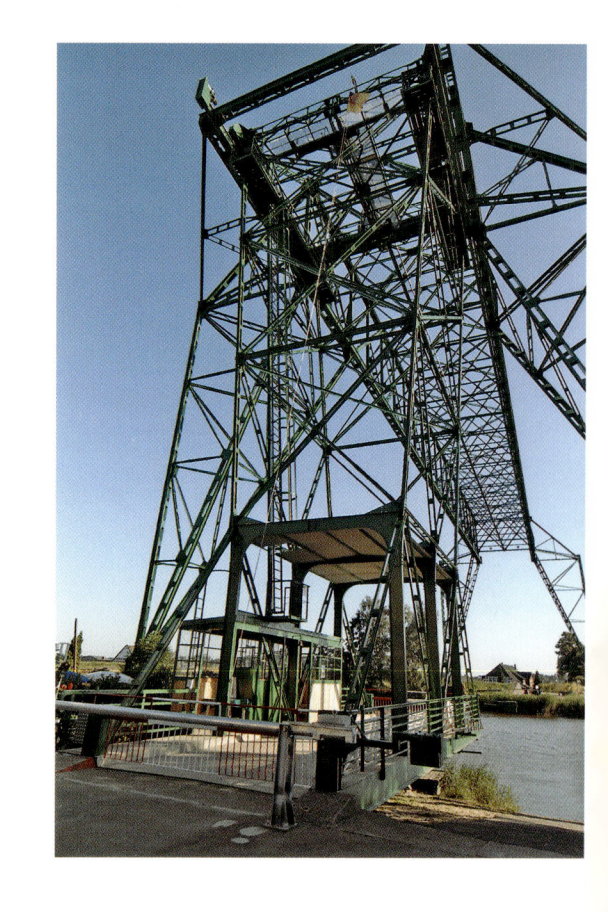

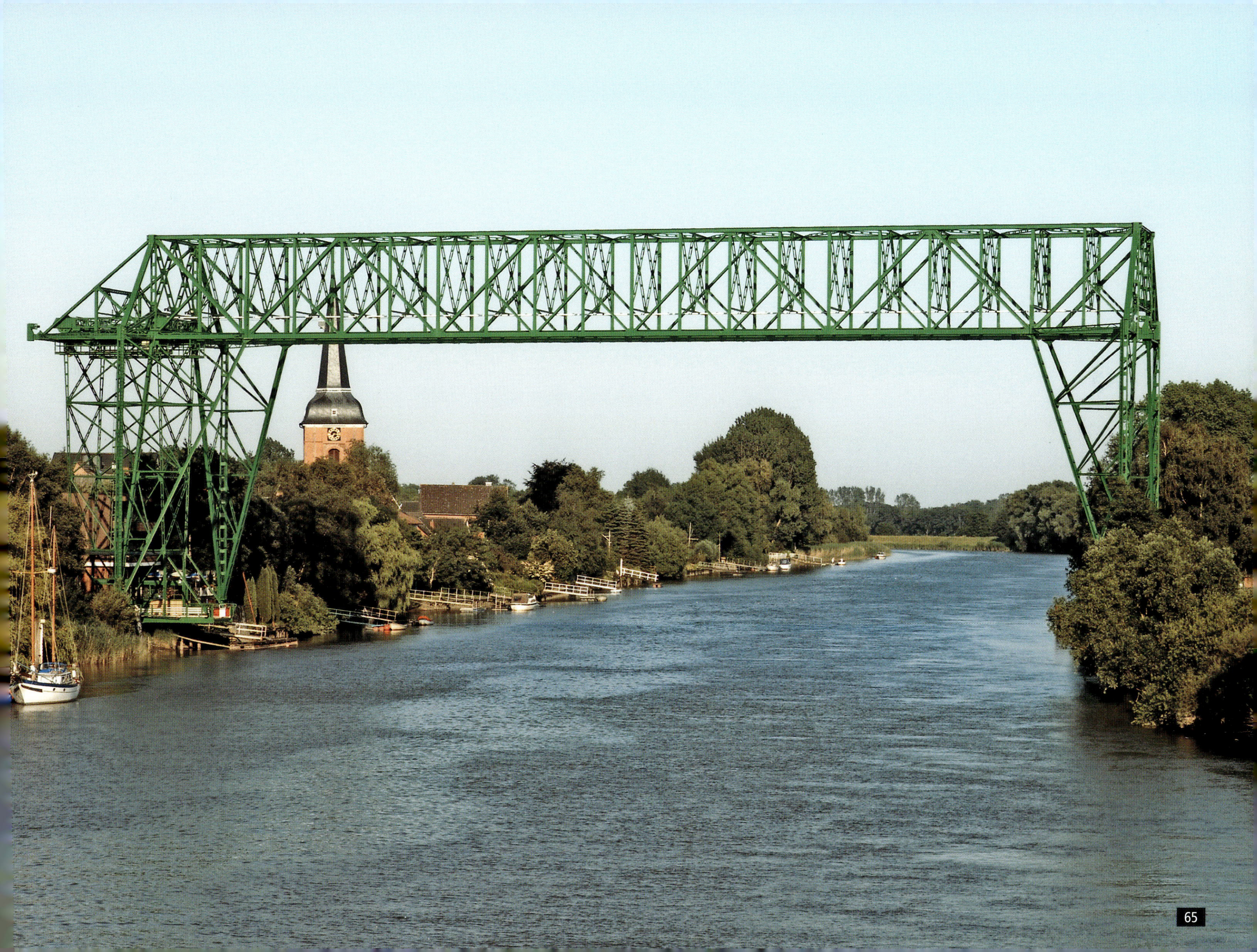

27 Altrheinbrücke Bad Honnef

Zwei lang gestreckte Inseln teilen den Rhein in Bad Honnef in drei Arme. Die Insel auf der linken Seite, Nonnenwerth mit einem alten Kloster, gehört schon zu Rheinland-Pfalz. In der Mitte des stark befahrenen Stromes befindet sich die Schifffahrtsrinne, und auf der rechten Seite die mit schönen alten Bäumen bestandene Insel Grafenwerth, die zu Bad Honnef und gerade noch zu Nordrhein-Westfalen gehört.

Als die Köln-Düsseldorfer-Dampfschifffahrts-Gesellschaft (KD) Anfang des 20. Jahrhunderts auf Grafenwerth eine Anlegestelle für ihre Fahrgäste einrichtete, mussten diese, um an das rechte Rheinufer und zur Stadt zu gelangen, mittels einer Fähre übersetzen. Das war freilich nicht sehr bequem und auch zeitraubend. So sah sich denn die Stadt Bad Honnef veranlasst, über den alten Rheinarm eine Brücke zu bauen, wofür sie 167.190 Mark aufbringen musste. Dies geschah im Jahre 1911, und die aus fünf flachen Korbbögen in Eisenbeton errichtete Brücke steht noch heute, verschont auch von den Wirren des 2. Weltkrieges. Die ausgewogenen Proportionen dieses schönen alten Bauwerks aus den Anfängen des Betonbrückenbaus in Deutschland beeindrucken nicht nur Fachleute und zeugen von dem Können ihrer Erbauer.

Unmittelbar neben der Brücke stromab liegt übrigens seit über zehn Jahren der letzte erhaltene Aalschokker vor Anker, mit dem noch bis 1990 Aale im Rhein gefangen wurden. Das schöne kleine Schiff hört auf den wohlklingenden Namen Aranka, wurde 1917 gebaut und bietet Platz für vier Personen und bis zu drei Tonnen Fisch. Obwohl das Wasser des Rheins in den vergangenen Jahren deutlich an Qualität gewonnen hat, dürfte Aranka wohl leider nicht wieder zum Einsatz kommen. Dafür kann man sie aber von der Brücke aus gut betrachten.

67

28 Bösebrücke Berlin

Nördlich der Berliner Innenstadt verläuft die Bornholmer Straße zwischen den Stadtteilen Wedding und Prenzlauer Berg und kreuzt dort mehrere S-Bahngleise mittels einer stählernen, genieteten und fachwerkartigen Bogenbrücke. Das Mittelteil der dreifeldrigen Brücke hat eine Stützweite von 87 m, und die Gesamtlänge dieser ungewöhnlichen Konstruktion beträgt 138 m. Der Bogen ist im Scheitel über der Fahrbahn 12 m hoch und der gesamte Überbau 31 m breit.

Um die Einzelteile der Brücke zusammenfügen zu können, musste man zunächst ein sehr aufwendiges hölzernes Lehrgerüst bauen, auf dem die Brücke abschnittsweise hergestellt wurde. Der Bahnbetrieb durfte dabei nicht behindert werden. Um dies zu erreichen, wurde das Mittelteil des großen Feldes zunächst in erhöhter Lage hergestellt und später um 1,50 m abgesenkt, ein Bauverfahren, dessen man sich auch heute noch bedient, wenn das Lichtraumprofil des unterführten Verkehrsweges während der Herstellung einer Brücke nicht eingeschränkt werden darf. Nach dreijähriger Bauzeit konnte die Brücke 1916 dem Verkehr übergeben werden und hieß zunächst Hindenburgbrücke, ab 1948 dann Wilhelm-Böse-Brücke nach einem Widerstandskämpfer zur Zeit der Hitlerdiktatur.

Nach dem Bau der Berliner Mauer am 13. August 1961 wurde die Brücke gesperrt und diente bis zum Fall der Grenze am 9. November 1989 als Übergangsstelle zwischen Ost- und Westberlin. Die damalige Teilung Berlins wurde noch sichtbarer, als die Berliner Senatsbauverwaltung von 1983 bis 1985 den westlichen Brückenteil instand setzen ließ. Für die östliche Brückenhälfte wurde dies dann von 1990 bis 1995 nachgeholt.

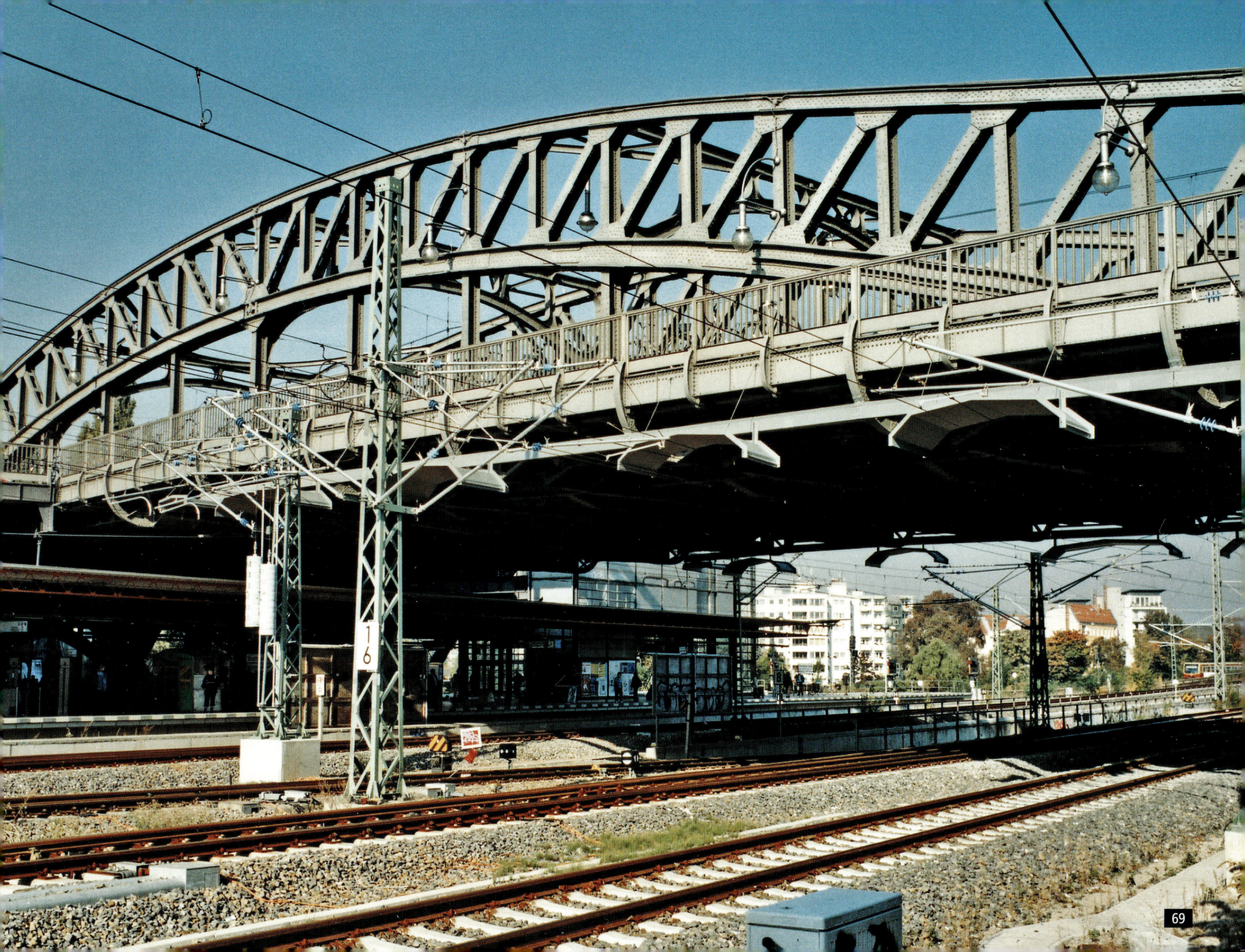
16

29 Eiderbrücke Friedrichstadt

Neunzig Jahre ist sie nun schon alt, die 1916 für 560.000 Goldmark gebaute Brücke über die Eider bei Friedrichstadt. Eigentlich sind es drei Brücken, denn zwischen zwei 15 m hohen und rd. 106 m weit gespannten stählernen Doppelbögen, zwischen denen die Fahrbahnträger an vertikalen Profilstangen aufgehängt sind, befindet sich eine kleine zweiflügelige Klappbrücke mit einer lichten Weite von rd. 27 m auf zwei 3,30 m breiten Pfeilern. Die seinerzeit vom Brückenbauamt des Kaiserlichen Kanalamtes entworfene Brücke ist also insgesamt rd. 245 m lang. Damals war der Verkehr auch auf den Straßen im hohen Norden Deutschlands noch gering, und im Vergleich zu heute wurden wesentlich geringere Lasten transportiert. Deshalb baute man die Brücke auch nur mit einer 5 m breiten Fahrbahn und einem zwischen den Bögen liegenden einseitigen Gehweg von 1,50 m Breite.

Aber schon Mitte der 1950er Jahre reichten Fahrbahnbreite und Tragfähigkeit nicht mehr aus, so dass von 1955 bis 1956 die Fahrbahn auf 6 m verbreitert und der Gehweg auf Konsolen aufliegend nach außen verlegt wurde. Als neue Fahrbahn wurde eine stählerne Leichtfahrbahn, ein so genanntes orthotropes Deckblech, eingebaut. Die Bögen der beiden Überbauten haben im Endbereich rahmenartige Portale, zwischen denen sie durch sich kreuzende Diagonalen miteinander verbunden sind. Und auf den beiden Pfeilern stehen unterstrom zwei hübsche Türmchen, von denen aus die Klappen für Schiffsdurchfahrten geöffnet werden können.

Erstaunlicherweise hat die schöne alte Stahlbrücke im Verlauf der Landesstraße L 156 alle Stürme der Zeit und auch den 2. Weltkrieg unbeschadet überstanden. Leider gibt es derartige genietete Stahlkonstruktionen in Deutschland nur noch wenige.

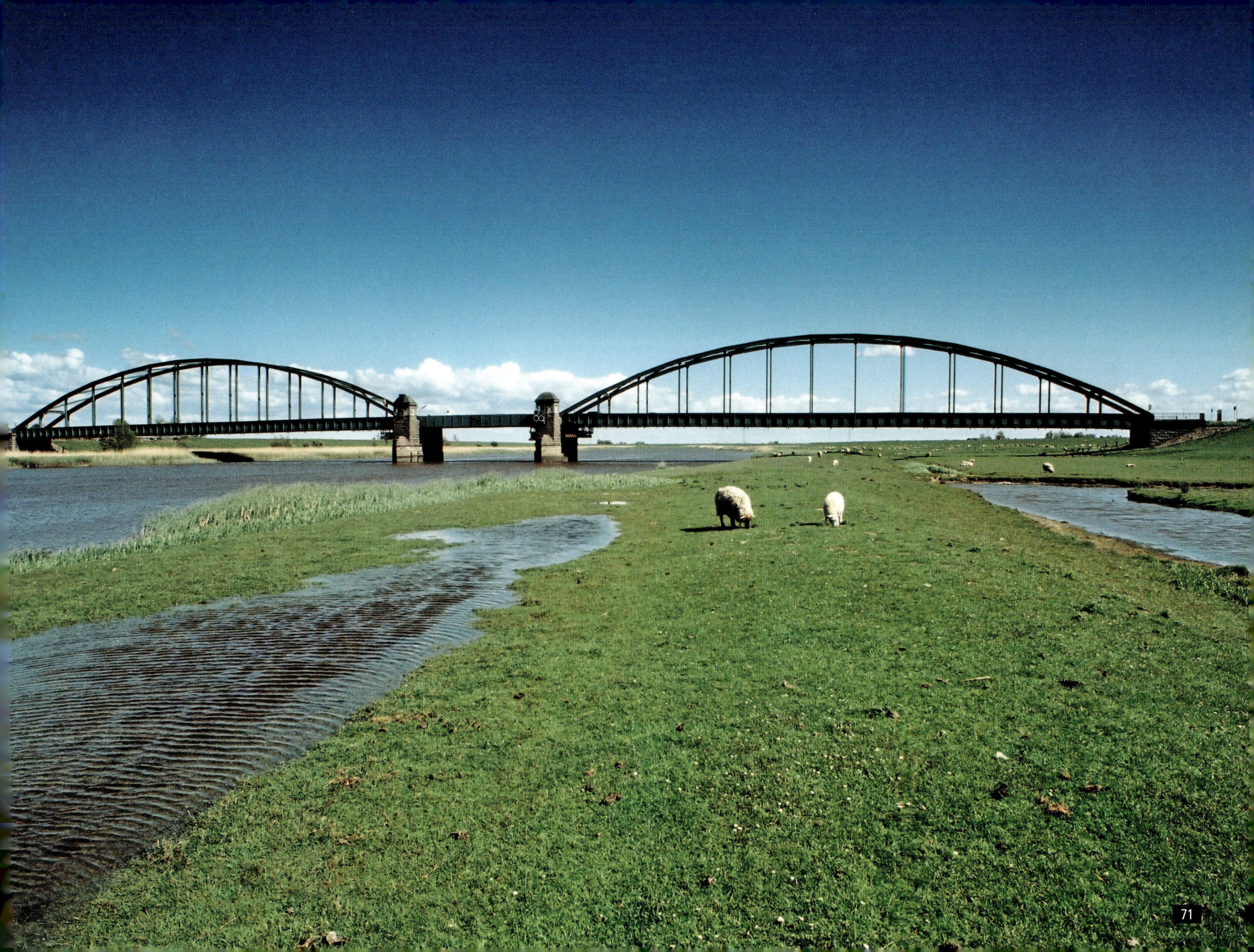

30 Saalebrücke Alsleben

Am 20. Dezember 1928 wurde in der Kleinstadt Alsleben an der Saale ein großes Fest gefeiert. Endlich war der lang gehegte und beharrlich verfolgte Wunsch in Erfüllung gegangen: ein fester Saaleübergang von Alsleben nach Mukrena. Seit 1867 hatte es bis zu diesem Tage nur eine Schiffsbrücke (Pontonbrücke) gegeben, die bei Schiffsdurchfahrten, großen Hochwassern und Eisgang den Straßen- und Personenverkehr zunehmend behindert hatte. Eigentümerin der neuen festen Brücke war die Stadt, die trotz Zuschüsse selbst erhebliche Geldmittel aufbringen musste, damit das 692.000 Reichsmark teure Bauwerk errichtet werden konnte.

Die Saalebrücke in Alsleben, heute im Verlauf der Bundesstraße B 6 von Aschersleben nach Halle/Saale, ist ein bautechnisch besonderes Bauwerk. Nicht etwa, weil es in einer auch heute noch fast unglaublich kurzen Zeit von nur 10 Monaten gebaut wurde, sondern weil bei dieser Brücke erstmals der Stahlbeton-Überbau der Stromöffnung vorgespannt wurde; eine Idee des genialen Bauingenieurs Franz Dischinger und damit der Beginn des Spannbetonbaus in Deutschland.

Die beiden Bögen auf der Stadtseite sind 26,10 und 28,60 m weit gespannt, die drei auf dem rechten Ufer dagegen nur 11,50, 10,50 und 9,75 m. Die Auffahrt zur Brücke im Bereich dieser drei Vorlandbögen hat einen Radius von nur 40 m. Begegnungen von Lastkraftwagen auf der Brücke sind wegen der geringen Fahrbahnbreite von nur 5,70 m nicht möglich. Die Stromöffnung wird mit zwei parallel zueinander angeordneten Stahlbetonbögen von 68 m Stützweite überspannt, die mit Querriegeln kreuzweise verbunden sind. Auch die vertikalen Hänger zwischen Bogen und Überbau sind aus Stahlbeton.

In den letzten Tagen des 2. Weltkrieges wurde der zweite stadtseitige Bogen gesprengt, aber noch im selben Jahr wieder hergestellt. Seither ist für die Erhaltung der Brücke wenig getan worden, so dass von 1997 bis 2000 eine grundhafte Instandsetzung dieses stadtbildprägenden Bauwerks erforderlich wurde. Das hat rd. 16,6 Mio. DM gekostet. Aber der Betrachter kann sich davon überzeugen, dass es sich gelohnt hat. Selbstverständlich steht die Brücke unter Denkmalschutz. Die gestalterisch ungewöhnliche Brücke ist ohne Frage eine Meisterleistung des frühen Stahlbeton-Brückenbaus.

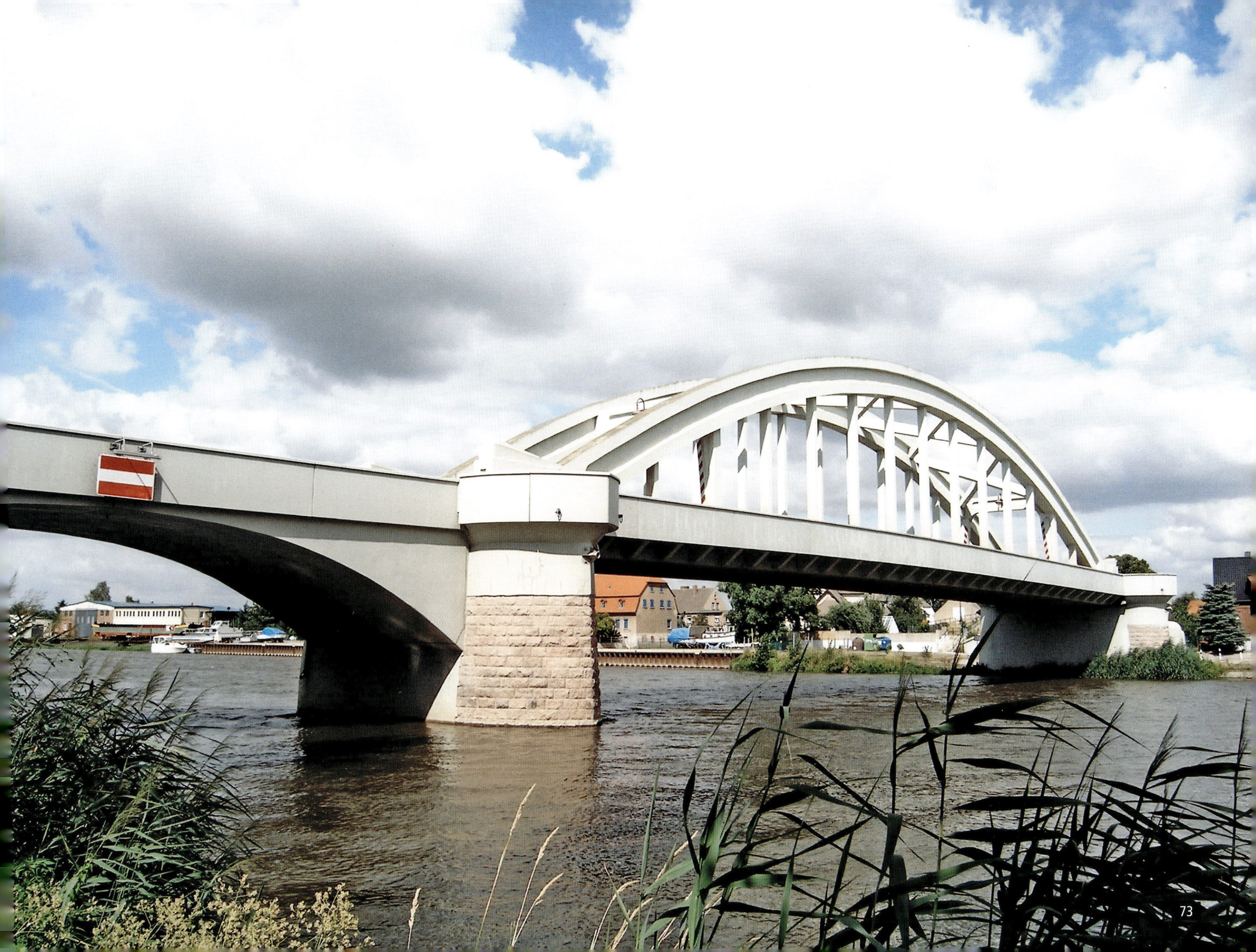

31 Rheinbrücke Krefeld-Uerdingen

Aus der Ferne betrachtet meint man, eine Hängebrücke vor sich zu haben. Aber die 1936 gebaute Rheinbrücke in Krefeld-Uerdingen der Bundesstraße B 288 ist eine Zügelgurtbrücke, bei der die Tragkabel nicht, wie sonst üblich, aus Stahlseilen bestehen, von denen jedes wiederum aus vielen Einzeldrähten zusammengesetzt ist, sondern aus stählernen Profilträgern, die polygonartig durch Niete miteinander verbunden sind. Außerdem ist sie eine so genannte „unechte" Zügelgurtbrücke; weil die Zugkräfte in den, von den Pylonen aus gesehen, rückwärtigen Zügelgurten nicht hinter den Brückenenden in einem gesonderten Verankerungsbauwerk münden, wie dies z. B. bei der Rheinbrücke Köln-Rodenkirchen der Fall ist, sondern in den Überbau eingeleitet werden. Dadurch wird der Überbau mächtig unter Druck gesetzt oder, wenn man so will, vorgespannt. Eine solche Konstruktion zu wählen resultierte aus der Sorge, man könne nicht mit Sicherheit davon ausgehen, dass bei einer „Erdverankerung" der kiesige Boden am Rhein die enormen Zugkräfte aufnehmen würde. Für einen Laien, selbst wenn er sich mehr als allgemein üblich mit technischen Vorgängen befasst, mögen diese „Feinheiten" nicht so bedeutsam wie für einen erfahrenen Fachmann sein. Aber zur Beschreibung der Krefelder Rheinbrücke sollten sie nicht unerwähnt bleiben.

Insgesamt ist der durch die Zügelgurte überspannte Bereich der Brücke 500 m lang, die Mittelöffnung über dem Fluss hat eine Stützweite von 250 m, die beiden Seitenfelder sind 125 m lang. Die rd. 41 m hohen Pylone wurden als Portalrahmen mit einem markanten Querriegel ausgebildet. Der Überbau ist ein stählerner Fachwerkträger mit einer aufliegenden Stahlbetonplatte für die 11 m breite Fahrbahn. Außerhalb der Pylonstiele sind auf Konsolen beiderseits Tragkonstruktionen für Geh- und Radwege vorhanden.

Auch die Rheinbrücke Krefeld-Uerdingen wurde gegen Ende des 2. Weltkrieges zerstört, aber schon 1950 in gleicher Form wieder aufgebaut. Nach einem aufwendigen Umbau 1986 mit Austausch der gesamten Fahrbahnplatte dient die schöne und nun schon 70 Jahre alte Brücke nach wie vor dem Verkehr zwischen beiden Ufern des Rheins.

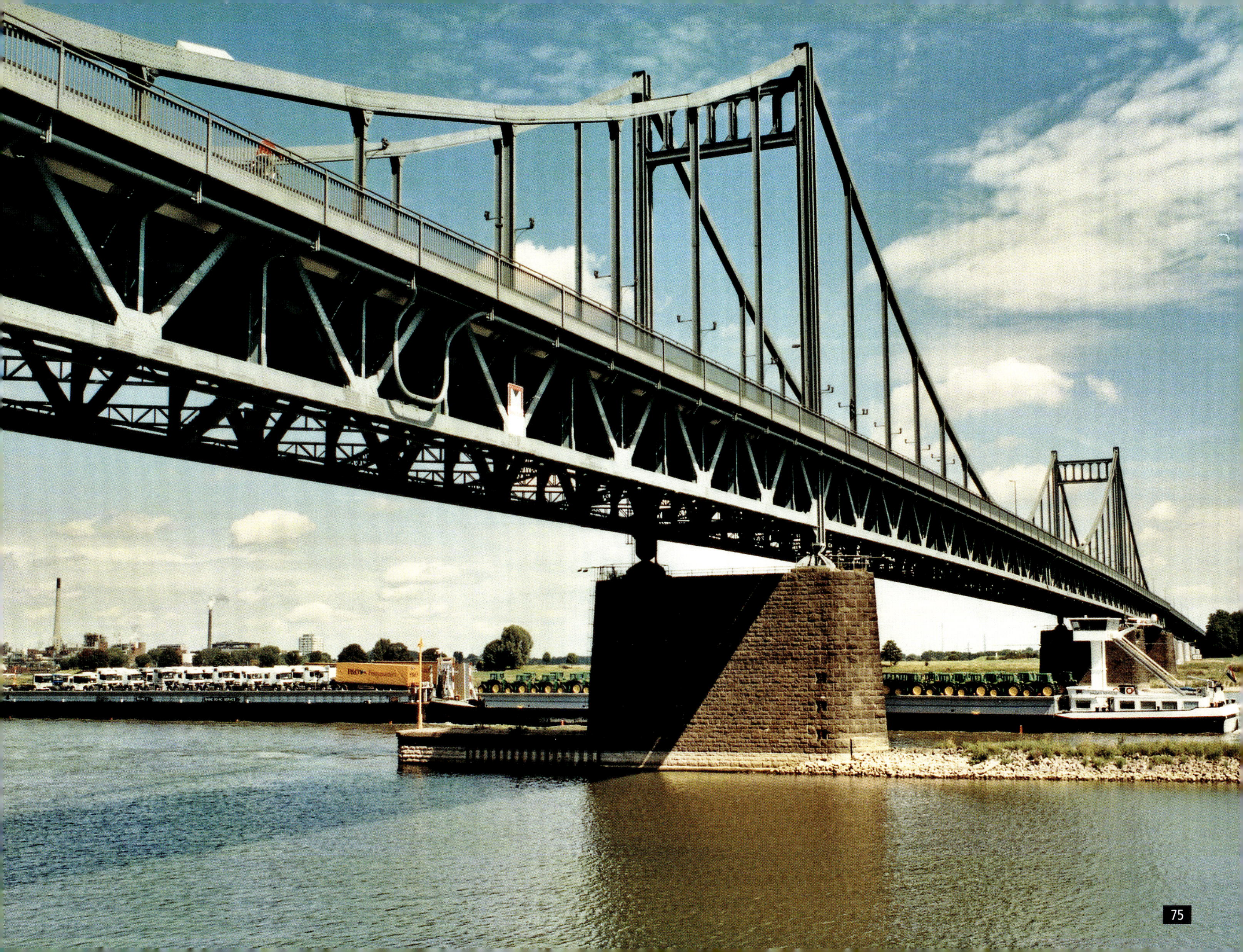

32 Rheinbrücke Köln-Rodenkirchen

Die von dem berühmten Brückenbauingenieur Fritz Leonhardt (1909-1999) entworfene und 1941 fertig gestellte erste Autobahnbrücke über den Rhein war seinerzeit mit 378 m Stützweite in der Hauptöffnung und je 94,50 m für die beiden Randfelder Europas weitestgespannte Hängebrücke. Heute nach 65 Jahren liegt sie im weltweiten Vergleich auf einem der hinteren Plätze, was aber ihre Baugeschichte betrifft, weit vorn. Die größten Hängebrücken der Welt haben inzwischen Stützweiten von annähernd 2000 m erreicht, und die geplante Brücke über die Meerenge von Messina zwischen Sizilien und Kalabrien wird mit 3400 m alle bisherigen Rekorde weit übertreffen.

Der Bestand der Rheinbrücke zwischen den Kölner Stadtteilen Rodenkirchen und Poll im Verlauf der heutigen Bundesautobahn A 4 war nur von kurzer Dauer. Nach mehreren Bombentreffern stürzte sie am 28. Januar 1945 ein, ein Schicksal, das gegen Ende des 2. Weltkrieges fast alle Rheinbrücken ereilte. Aber schon 1954 war der Wiederaufbau in alter Form abgeschlossen.

Durch die enorme Verkehrszunahme auf dem Kölner Autobahnring begann man in den 80er Jahren mit der Planung für eine Verbreiterung der Brücke auf sechs Fahrstreifen. Dabei wurden viele Möglichkeiten untersucht und schließlich eine bis dahin noch nicht erprobte Lösung ausgewählt, die von dem Brückenbauingenieur Rosen aus Köln entwickelt wurde. Die bautechnisch äußerst schwierige Aufgabe lösten die Bauingenieure auf geniale Weise, in dem auf beiden Seiten des Rheins stromab auf den verlängerten Pfeilern ein dritter Pylon errichtet und durch einen zweiten Querriegel mit der vorhandenen Brücke verbunden wurde. Dafür brauchte man auch ein drittes Tragkabel, das aus einem „Paket" von 37 Einzelseilen besteht, die aus je 182 verzinkten Drähten hergestellt sind. Die Zugkraft jedes der drei 687 m langen Kabel beträgt übrigens 74.000 Kilo-Newton oder 7400 Tonnen.

Die komplizierten Bauarbeiten, die stets unter voller Aufrechterhaltung des Verkehrs abliefen, dauerten von 1990 bis 1995, und die spiegelbildliche Verbreiterung der Rodenkirchener Hängebrücke hat das schöne Bauwerk eigentlich noch ansehnlicher gemacht.

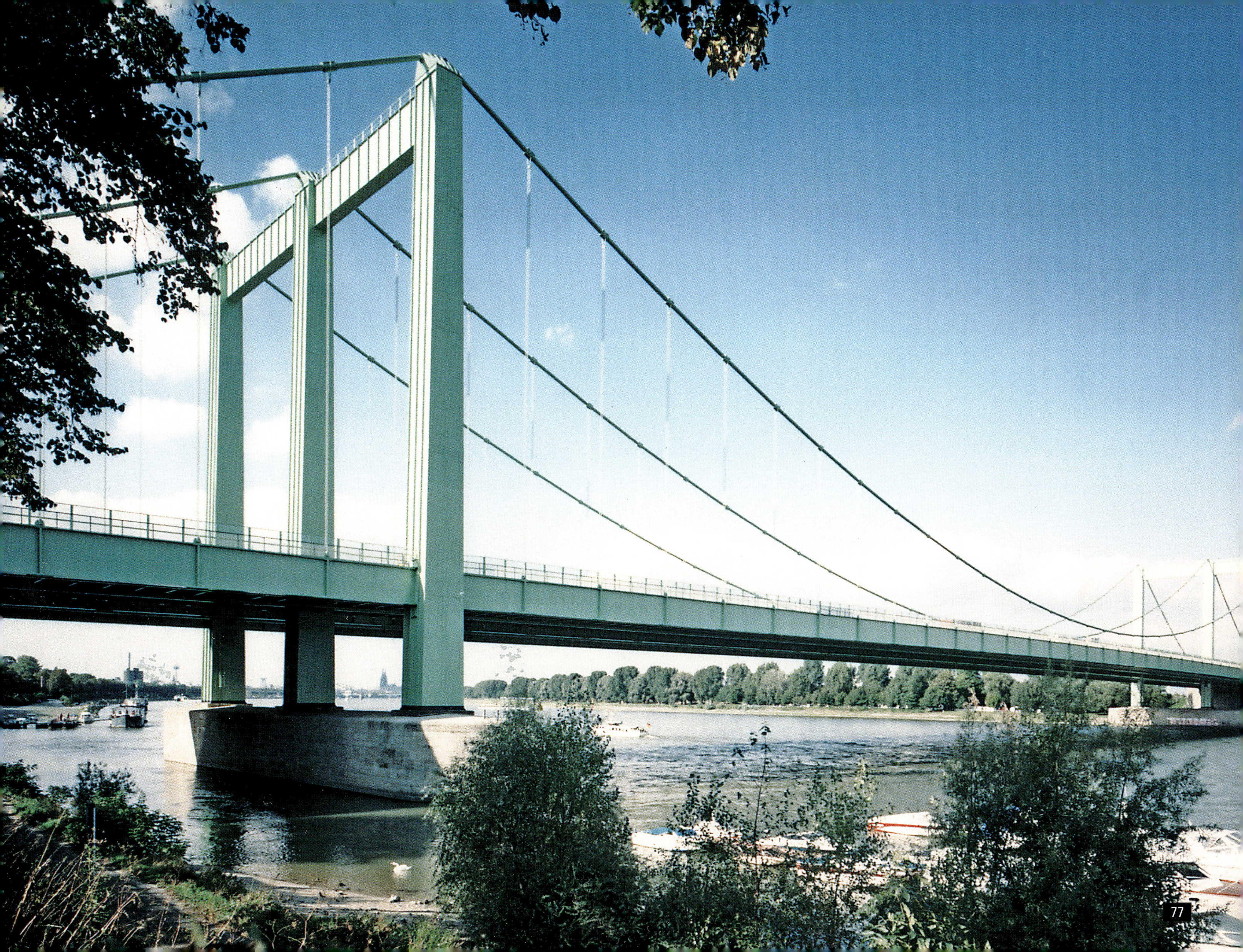

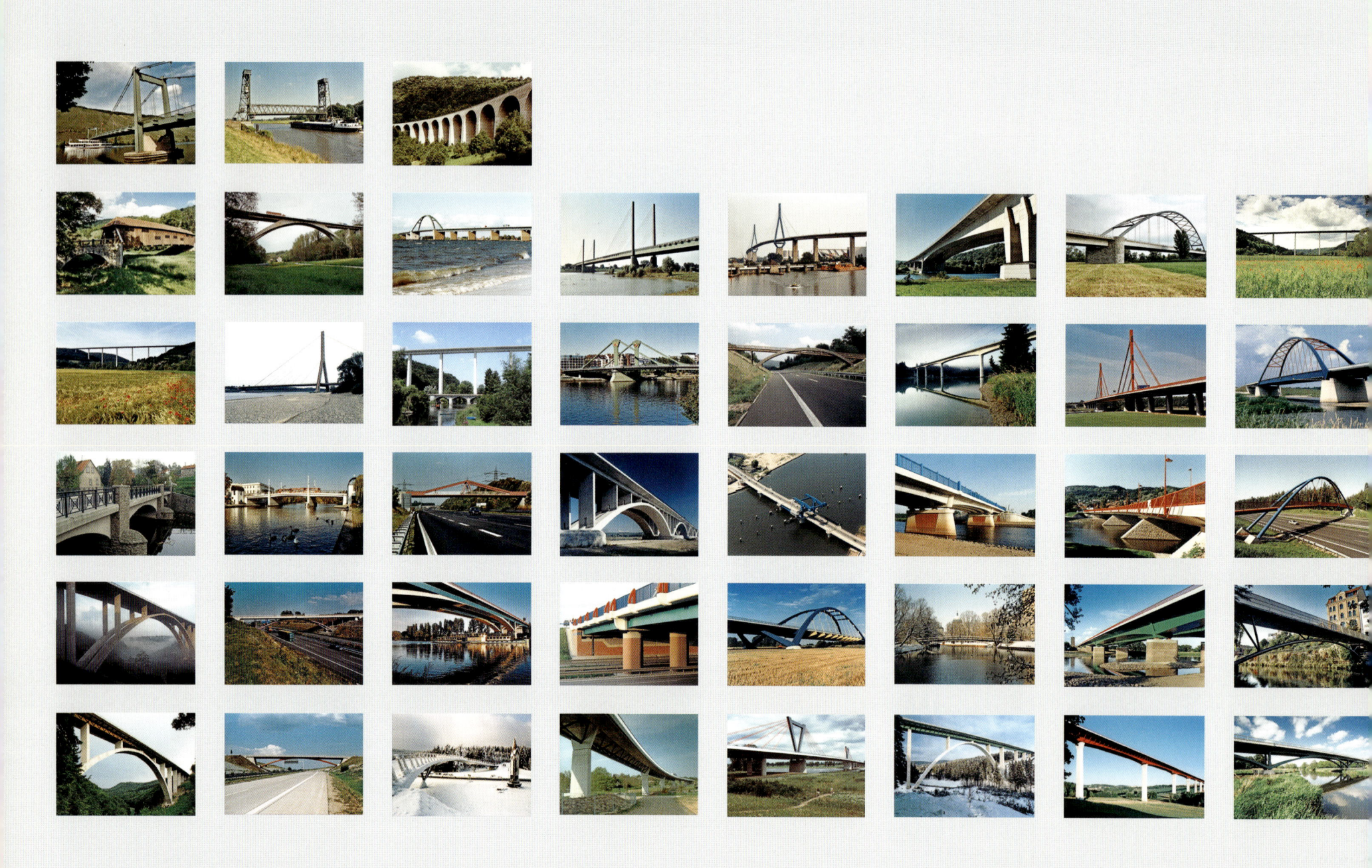

78 BRÜCKEN IN DEUTSCHLAND FÜR STRASSEN UND WEGE

5
DER BRÜCKENBAU AB 1945

Am Ende des 2. Weltkrieges war Deutschland in großen Teilen zerstört und verwüstet. Das Ausmaß war so groß, dass sich die Nachkriegsgenerationen davon heute kaum Vorstellungen machen können. Und die Überlebenden hatten Zweifel, ob es gelingen würde, die Kriegsschäden jemals wieder beseitigen zu können. Betroffen waren nicht nur Städte und Industrieanlagen, sondern auch große Teile der Verkehrswege wie Straßen, Eisenbahnen und Wasserstraßen und hier insbesondere die Brücken.

Der Mangel an Baumaterial und fehlende Fachkräfte machten es unmöglich, die Brücken sofort wieder aufzubauen. So griff man zunächst zu Notlösungen, um die chaotischen Verkehrsverhältnisse einigermaßen zu beseitigen und baute, so gut es ging, Behelfsbrücken aus Stahlträgern mit hölzernem Bohlenbelag, die auf den Resten der alten Pfeiler oder auf Holzjochen aufgelagert wurden. Sobald die wichtigsten Straßenverbindungen wieder hergestellt waren, konnte mit dem Bau von Dauerbehelfsbrücken aus schweren Fachwerkkonstruktionen begonnen werden. Erst nach der Währungsreform 1948 begann dann der eigentliche Wiederaufbau der zerstörten Brücken, der bis etwa 1962 abgeschlossen war.

Die beginnende Zeit des rasanten Aus- und Neubaus des deutschen Straßennetzes, bis 1990 zunächst nur in Westdeutschland, ist für den deutschen Brückenbau beispiellos. Noch nie sind in so kurzer Zeit so viele Straßen- und Wegebrücken gebaut worden, wie in den zurückliegenden 45 Jahren. Begünstigt durch den in Deutschland seit jeher üblichen bautechnischen Wettbewerb zwischen konkurrierenden Bauunternehmungen und auf den Brückenbau spezialisierten Ingenieurbüros kam es zu zahlreichen technischen Neuentwicklungen, die schon bald auch weltweit Anerkennung und Anwendung fanden. Zu nennen sind hier insbesondere die stählerne Leichtfahrbahn (orthotrope Platte) im Stahlbrückenbau zur Verminderung des Eigengewichtes der Überbauten, die Entwicklung des Freivorbaus im Spannbetonbrückenbau zum Einsparen kostenaufwendiger Lehrgerüste, das Taktschiebeverfahren zum Einschieben kompletter Überbauten über die gesamte Bauwerkslänge ohne Lehrgerüste, der Bau von Schrägseilbrücken, die Vervollkommnung der Stahlverbund-Bauweise, der Bau von Betonbrücken mit externen Spanngliedern und die Entwicklung neuartiger Brückenlager. Aber auch bei den Baustoffen gab es erstaunliche Fortschritte, wie z. B. die Entwicklung von Betonen, die mittels Pumpen bis in große Höhen befördert werden können, hochfeste Stähle für Seile und Spannglieder und schweißbare Baustähle höchster Qualität. Alle diese Entwicklungen haben dem deutschen Brückenbau zu einem hohen Standard an Dauerhaftigkeit, Ausführungsqualität, Wirtschaftlichkeit und guter Gestaltung verholfen. Die im Folgenden gezeigten Brücken sind eine kleine Auswahl aus dieser stürmischen Zeit des Aufbruchs und Neuanfangs, die vielfältige Konstruktionen und Formen hervorgerufen hat.

Einen weiteren Entwicklungsschub erfuhr der deutsche Brückenbau ab 1990 nach der Wiederherstellung der Einheit Deutschlands in den neuen Bundesländern. Großartige Brückenbauwerke sind dort in den vergangenen 15 Jahren gebaut worden mit einer hervorragenden technischen und gestalterischen Qualität, wobei aus den langjährigen Erfahrungen des westdeutschen Brückenbaus geschöpft werden konnte. Möglich waren diese Leistungen auch durch jene Bauingenieure, die jahrzehntelang in der DDR von der technischen Entwicklung abgeschnitten, sich mit einfachsten Mitteln im Wesentlichen nur um die Erhaltung des vorhandenen Bauwerksbestandes kümmern konnten, wegen der politisch gewollten Abgrenzung gegenüber dem westlichen Ausland und notorischer Material- und Geräteengpässe aber erst 45 Jahre nach dem 2. Weltkrieg endlich den Aus- und Neubau des ost- und mitteldeutschen Straßennetzes und seiner Brücken selbst in die Hand nehmen konnten. Wer 15 Jahre nach dem Fall der innerdeutschen Grenze diese Aufbauleistung besichtigt, kann nur beeindruckt sein von dem, was da geschaffen wurde.

DER BRÜCKENBAU AB 1945

33 Moselbrücke Wehlen

Es ist schon bemerkenswert, dass sich die kleine Gemeinde Wehlen unweit von Bernkastel-Kues im Jahre 1915 für 250.000 Mark eine eigene Brücke über die Mosel leisten konnte. Es war eine Bogenbrücke aus Beton und sie erhielt den Namen „Kaiser-Wilhelm-Brücke". Die Wehlener Bürger waren damals offenbar recht wohlhabend, waren doch die meisten von ihnen Winzer, die ihre einträglichen Geschäfte mit vorzüglichen Weinen machten, die an den steilen Hängen der Mosel prächtig gediehen. Da aber die meisten Lagen auf der gegenüberliegenden rechten Flussseite liegen, war der Rebentransport zur Zeit der Lese über den Fluss recht beschwerlich. Eine Brücke konnte hier Abhilfe schaffen. Das Glück währte jedoch nur kurze Zeit, denn schon fünf Jahre später stürzte sie während eines Hochwassers ein. Nochmals griffen die Wehlener tief in ihre Taschen und bauten 1916 für nunmehr 500.000 Mark eine stählerne Fachwerkbrücke, die den Namen des damaligen Reichspräsidenten Hindenburg erhielt. Aber kurz vor Ende des 2. Weltkrieges wurde sie gesprengt. Die Gemeinde Wehlen gab jedoch nicht auf und so entstand 1949 eine Hängebrücke, zu deren Finanzierung wiederum die Winzer kräftig beisteuerten. Die Entlastung für die Gemeinde kam dann endlich 1964, als der Landkreis Bernkastel-Wittlich die Brücke im Verlauf der Kreisstraße K 37 in seine Obhut nahm. 1991 unter Denkmalschutz gestellt, erfolgte in den Jahren 1993 und 1994 ein fast vollständiger Neubau, jedoch in den gleichen Abmessungen wie die Vorgängerbrücke und unter Verwendung der alten Pfeiler und Widerlager sowie der Pylone. Die Baukosten von rd. 18 Mio. DM hätte die Gemeinde Wehlen diesmal nicht mehr alleine tragen können, auch nicht durch kräftiges Anheben der Preise ihrer weltberühmten Weine.

81

DER BRÜCKENBAU AB 1945

34 Huntebrücke Huntebrück

Ein seltenes Exemplar unter den „beweglichen" Brücken in Deutschland ist die Hubbrücke über die Hunte in Huntebrück im Verlauf der Bundesstraße B 212, die von westlich Delmenhorst am linken Weserufer entlang über Brake und Nordenham nach Bremerhaven führt. Schon der Ortsname der Gemeinde deutet hin auf einen alten Straßenübergang über die Hunte, die im Wiehengebirge östlich von Osnabrück entspringt und bei Elsfleth in die Weser mündet. Der Wasserstand der Hunte ist von der Weser bis Oldenburg von den Gezeiten der Nordsee abhängig, also von Ebbe und Flut und ein alter Schifffahrtsweg, der auch von seegängigen Schiffen befahren werden kann.

Bereits 1250 gab es hier eine „Huntebruege", die aber später durch eine Fähre ersetzt wurde. Graf Anton I. von Oldenburg ließ 1569 eine 65 m lange Holzbrücke errichten, die aber 1613 wiederum einer Fähre weichen musste. Erst 1869 kam es zum Bau der ersten beweglichen Brücke, einer Drehbrücke mit vier Feldern, auf deren massivem Mittelpfeiler in Flussmitte sich das drehbare stählerne Oberbauteil befand und nach Ausschwenken um 90 Grad zwei 17,20 m breite Öffnungen für die Schiffsdurchfahrt freigab. Diese alte Drehbrücke wurde noch am 5. Mai 1945, also drei Tage vor Ende des 2. Weltkrieges, gesprengt. In den Jahren 1951 bis 1953 entstand dann für rd. 2 Mio. DM die heutige Hubbrücke.

Dieses nun schon über 50 Jahre alte Bauwerk besteht aus zwei genieteten stählernen Fachwerktürmen von je 30 m Höhe, die im lichten Abstand von rd. 53 m an beiden Ufern der Hunte stehen. Der Überbau aus einem Fachwerkträger mit einer 7 m breiten Fahrbahn und beiderseits 2 m breiten Gehwegen wird mittels Beton-Gegengewichten in den beiden Hubtürmen durch einen Elektromotor von 42 kW (57 PS) über Längs- und Querwellen mit Zahnrädern in zwei Stufen von der normalen lichten Durchfahrtshöhe von 4,23 m (bei mittlerem Tidehochwasser) auf 8,23 m bzw. 24,53 m lichte Höhe angehoben. Das dauert höchstens zwei Minuten. Die Straßenmeisterei in Brake sorgt für einen reibungslosen Betrieb, und ein Brückenwärter ist täglich von zwei Stunden vor Sonnenaufgang bis zwei Stunden nach Sonnenuntergang anwesend.

83

35 Hangbrücke Todsburg bei Wiesensteig

Zu den schönsten aber auch bautechnisch schwierigsten Autobahnstrecken Deutschlands gehört der Abschnitt der heutigen Bundesautobahn A 8 von Stuttgart nach München über die Schwäbische Alb zwischen Mühlhausen (im Täle) und Hohenstadt. Die Planung dieser Autobahn geht zurück in die erste Hälfte der 30er Jahre und sah eine Trennung der Fahrtrichtungen in einen Albauf- und einen Albabstieg vor. Der Albabstieg Richtung Stuttgart über Drackenstein wurde bereits in den Jahren von 1936 bis 1937 gebaut. Mit dem technisch wesentlich schwierigeren Albaufstieg über Wiesensteig wurde dagegen erst kurz vor Beginn des 2. Weltkrieges begonnen und zwar mit den sehr aufwendigen Gründungen für die Todsburg- und die Malakoffbrücke. Erst Mitte 1955 sind die Arbeiten wieder aufgenommen worden.

Das herausragende Brückenbauwerk des Albaufstiegs ist die Todsburgbrücke, die sich bei Wiesensteig auf einer Länge von 371 m mit 17 Stahlbetonbögen in einem für Autobahnen ungewöhnlich engen Kreisbogen von 250 m mit konstanter Steigung von 4,9% an den Felshang anschmiegt. Die bis zu 25 m hohen Bögen haben eine lichte Weite von 15,35 m und sind als Halbkreise ausgebildet. Die Fahrbahn zwischen den Borden ist 9,50 m breit und mit 5% Querneigung bei winterlichen Straßenverhältnissen nicht unproblematisch. Obwohl nach dem 2. Weltkrieg Autobahnbrücken dieser Art nicht mehr gebaut wurden, entschloss man sich in den 50er Jahren den ursprünglichen Entwurf, bis auf technische Verbesserungen insbesondere bei den schwierigen Pfeilergründungen, weiterzuverwenden und die Brücke, wie geplant, zu bauen.

Die 1957 ohne Querfugen fertig gestellte Todsburgbrücke passt sich großartig den Geländeverhältnissen an und ist ein Beispiel für hervorragende Gestaltung von Ingenieurbauwerken der Reichsautobahnzeit und eine technische Meisterleistung aus den ersten Jahren des Nachkriegs-Brückenbaus in Deutschland.

85

DER BRÜCKENBAU AB 1945

36 Jagstbrücke Unterregenbach

Eigentlich steht die gedeckte Holzbrücke über die Jagst in Unterregenbach schon seit über 180 Jahren an dieser Stelle. Aber wie das mit so alten Brücken ist, zumal wenn sie aus Holz sind, sie halten eben nicht ewig. Und so erging es auch diesem schönen Bauwerk. Weil die Durchfahrt durch eine nahe gelegene Furt bei Hochwasser für Fuhrwerke einen Umweg über Oberregenbach erforderlich machte, errichtete der Hofzimmermann Clemens Schumm 1821/22 eine überdachte 60 m lange und 4,75 m breite Holzbrücke für Fußgänger und Fuhrwerke. Anfang des 20. Jahrhunderts drohte sie einzustürzen, weil schwere Fahrzeuge ihr erheblich zugesetzt hatten. Doch konnte sie durch tatkräftige ortsansässige Zimmerleute gerettet werden. Bis kurz vor Ende des 2. Weltkrieges blieb die Brücke unversehrt, doch richteten anrückende amerikanische Truppen schwere Schäden an. Wegen im Laufe der Jahre zunehmender Schäden konnte die alte Holzbrücke dann nicht mehr erhalten werden. Die Gemeinde Unterregenbach entschloss sich deshalb 1958, die gesamte Holzkonstruktion zu erneuern und dabei auch die Tragfähigkeit auf 9 Tonnen zu erhöhen, wobei das Erscheinungsbild der Brücke beibehalten werden sollte.

Der Blick in das Innere zeigt die beiden aus jeweils vier übereinanderliegenden Balken gebildeten und 40 m weit gespannten Sprengwerkbögen, die durch vertikale Zangenpfosten zusammengefasst sind und an denen die hölzerne Fahrbahn aufgehängt ist. Die gesamte Brücke ist auf beiden Seiten zum Schutz vor der Witterung mit senkrecht verlaufenden Brettern verschalt und durchgehend überdacht. Unregelmäßig angeordnete waagerechte Schlitze sorgen für etwas Licht im Inneren.

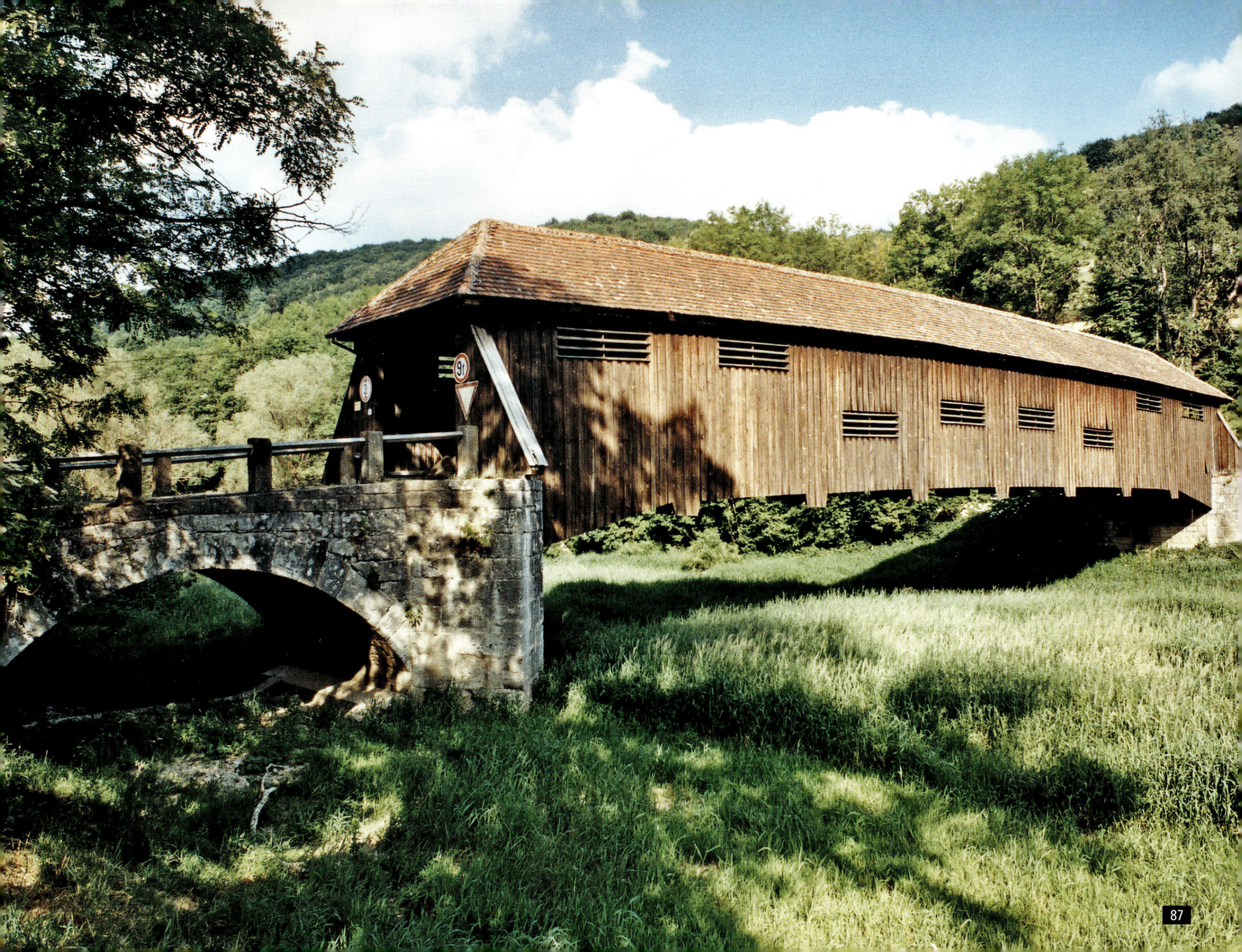
9t

DER BRÜCKENBAU AB 1945

37 Glemstalbrücke Schwieberdingen

Nördlich von Stuttgart überquert die Bundesstraße B 10 als Ortsumgehung von Schwieberdingen in einer Höhe von 36 m das Tal der Glems mit einer 280 m langen achtfeldrigen Brücke aus Spannbeton. Unübersehbarer Glanzpunkt dieser 1963 errichteten Brücke ist ihr 114 m weit gespannter bogenförmiger Rahmen, der auf ungewöhnlicher Länge im Scheitelbereich mit dem kastenförmigen Überbau verbunden ist und erst an den beiden Fußpunkten einen schmalen und scheibenartigen Pfeiler hat.

Das gestalterisch Besondere an dieser formvollendeten Brücke ist aber, dass sich der Bogen vom Scheitel her nach unten hin ab etwa dem oberen Drittel spreizend öffnet und ihm dadurch, gewissermaßen auf vier Beinen stehend, eine beruhigende Stabilität verleiht. Und weil sich der Bogen in der Ansicht nach unten hin in seiner Dicke verjüngt, wirkt er besonders leicht und gefällig. Für das enge Glemstal ist dies auf Grund der örtlichen Verhältnisse zweifellos eine optimale Konstruktion.

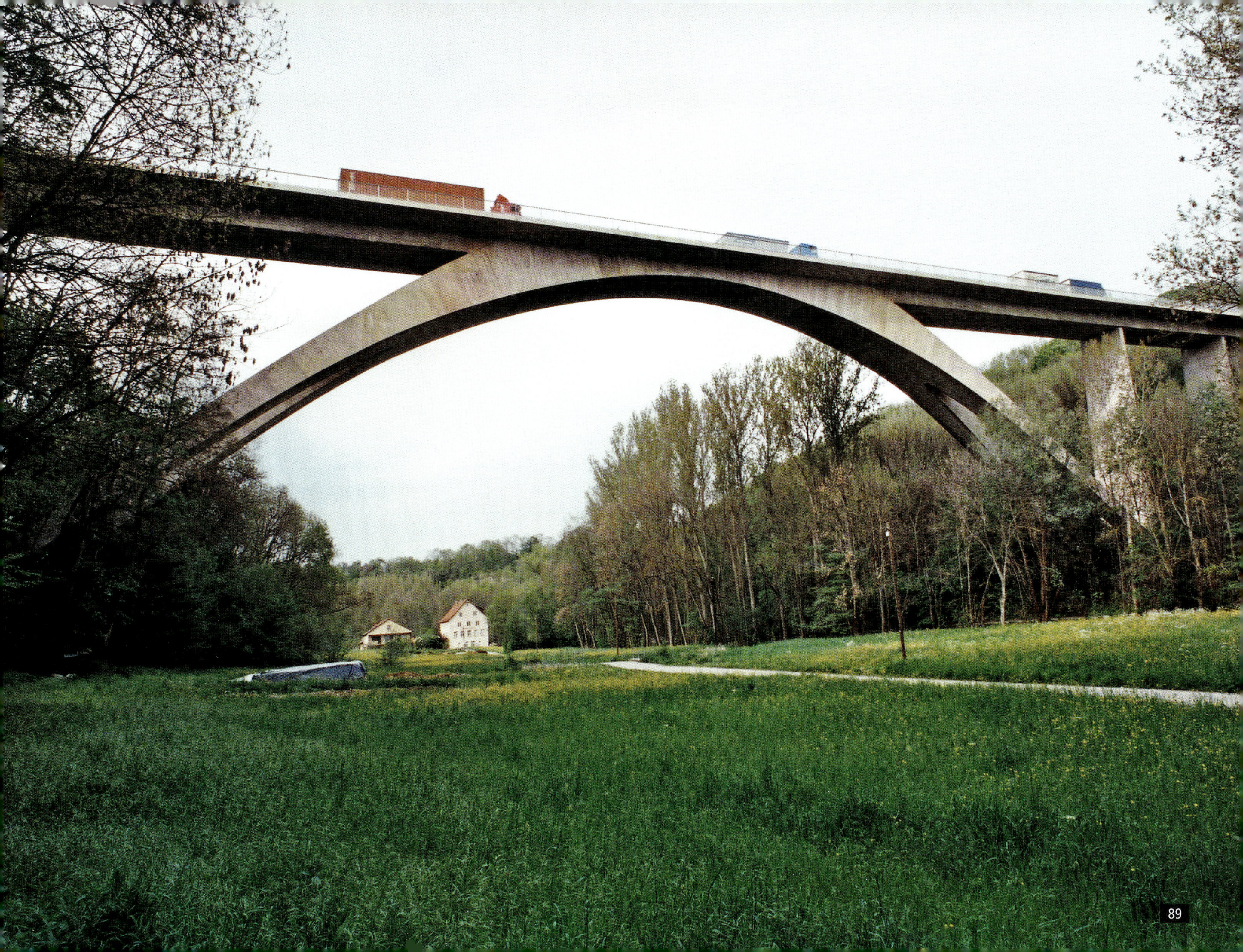

38 Fehmarnsundbrücke

Wer kennt sie nicht, die unverwechselbare stählerne Bogenbrücke über den Fehmarnsund vom Festland zur Insel Fehmarn im Verlauf der „Vogelfluglinie" nach Dänemark. Ungezählte Urlaubsreisende fahren jährlich über sie hinweg, um am Ende der Bundesstraße B 207 in Puttgarden mit der Fähre in rd. einer Stunde nach Rødbyhavn auf Lolland zu gelangen.

Die Pläne für eine feste Verbindung zur Insel Fehmarn reichen bis ins Jahr 1865 zurück. Noch bis Anfang der 50er Jahre trug man sich mit den Gedanken, entweder einen Damm durch den bis zu 7 m tiefen Sund zu schütten, eine bis zu 1800 m lange Hochbrücke zu bauen oder eine Kombination aus beiden Lösungen. Mit dem Abschluss eines deutsch-dänischen Abkommens im Jahre 1958 war dann der Weg frei für die Planung einer kombinierten zweistreifigen Straßen- und eingleisigen Eisenbahnbrücke. 1960 wurde mit dem Bau begonnen, und am 14. Mai 1963 konnte die 963 m lange Brücke für den Verkehr freigegeben werden.

Markantes Teil der Brücke ist der 248 m weit gespannte zweiteilige stählerne Bogen über der Schifffahrtsrinne mit einer Höhe im Scheitel über der Fahrbahn von rd. 43 m. An ihm ist der Überbau mit 80 diagonal sich kreuzenden Seilen an Querträgerkonsolen aufgehängt. Die beiden kastenförmigen Bogenhälften sind schräg zueinander geneigt und im Scheitel auf etwa ein Drittel der Bogenlänge und durch beidseits zwei Querriegel miteinander verbunden. Der Fahrbahnträger besteht aus 2 m hohen Stahlträgern, die durch auskragende Querträger mit einem stählernen Fahrbahnblech verbunden sind. Die beiden Brückenabschnitte, die zwischen dem Festland und dem Bogenteil und von dort zur Insel Fehmarn führen, haben Stützweiten von 102 m und bestehen aus zwei Stahlkästen, verbindenden Querträgern und einer Stahlfahrbahn.

Die Fehmarnsundbrücke ist durch ihre eindrucksvolle Form zum weithin sichtbaren Wahrzeichen einer festen Verbindung für Straße und Bahn zu unseren nordeuropäischen Nachbarn geworden. Vielleicht wird eines Tages auch noch die letzte verbliebene Lücke über den Fehmarnbelt geschlossen und die „Vogelfluglinie" dann vollendet sein. Entsprechende Planungen sind seit vielen Jahren im Gespräch zwischen Deutschland und Dänemark.

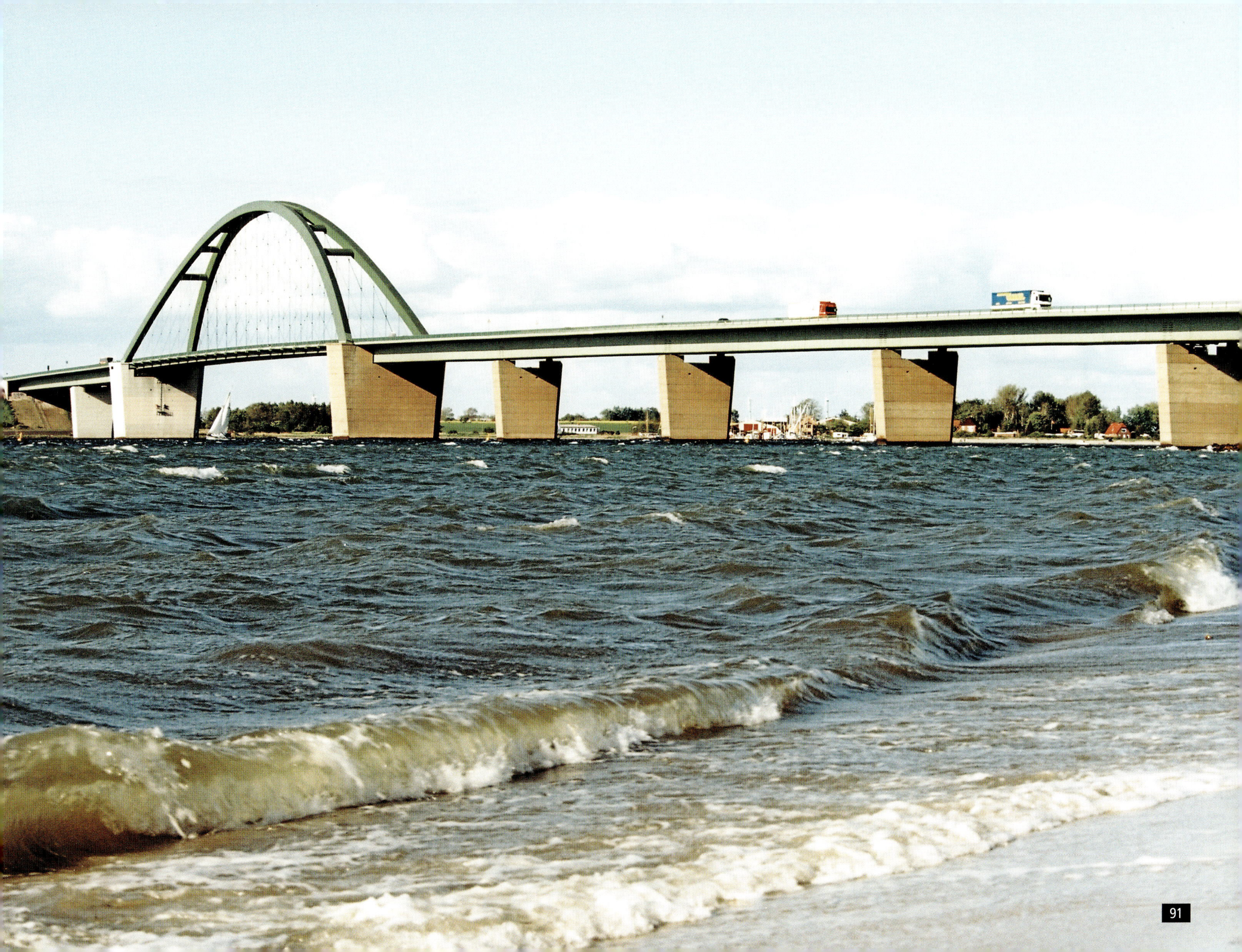

39 Rheinbrücke Rees/Kalkar

Am Niederrhein zwischen der rechtsrheinischen Stadt Rees und der linksrheinischen Gemeinde Kalkar überquert die Bundesstraße B 67 den Rhein und seine beiderseitigen Überflutungsbereiche mit einer rd. 982 m langen stählernen Brücke. Sie besteht im Mittelteil aus einer 463 m langen Schrägseilbrücke mit zwei Tragebenen und vier Pylonen sowie zwei Vorlandbrücken in Stahlverbundbauweise, die linksrheinisch 238 m und rechtsrheinisch 282 m lang sind. Die Stromöffnung hat eine Stützweite von 255 m. Die wie Harfen wirkenden insgesamt 80 Seile, die schmalen 46 m hohen Pylone und der nur 3,47 m hohe Fahrbahnträger verleihen der Brücke ein sehr schlankes und elegantes Aussehen.

Gebaut wurde die Rheinbrücke von 1965 bis 1967. Sie gehört damit zu den ersten Schrägseilbrücken, die nach dem 2. Weltkrieg als in Deutschland entwickelte neue Bauweise für weit gespannte Stahlbrücken über den Rhein errichtet wurden.

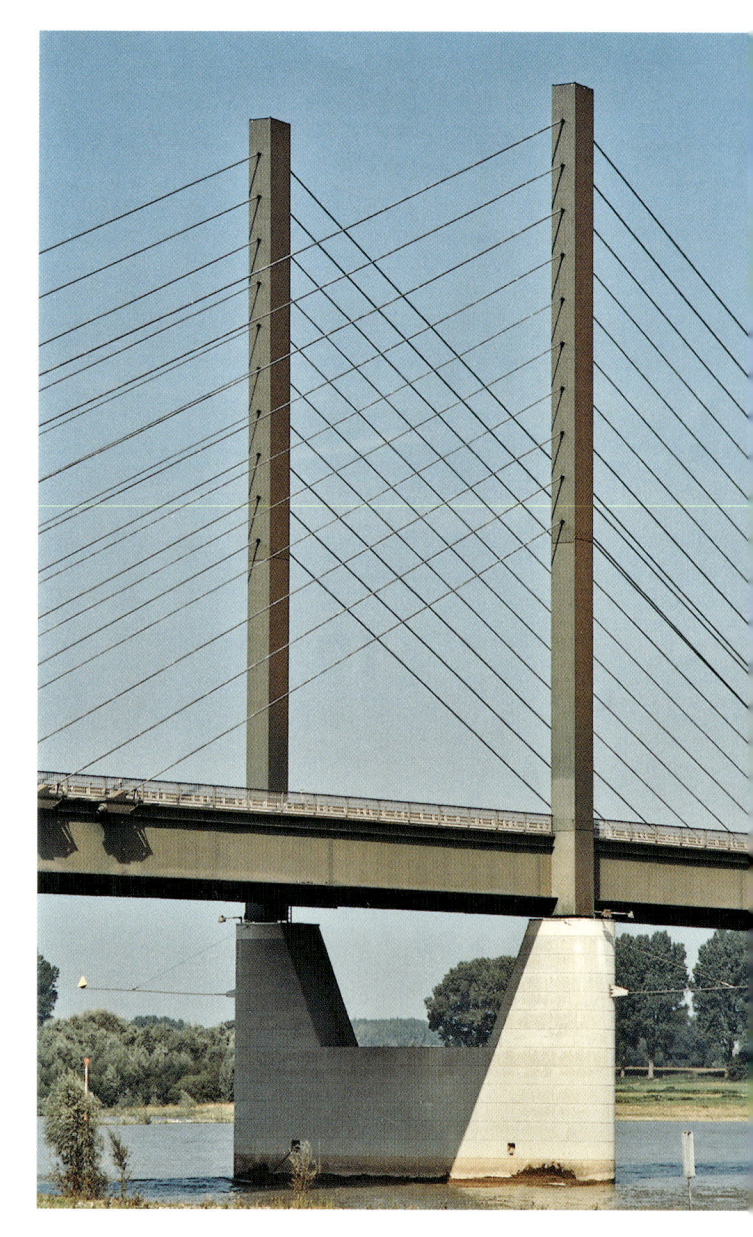

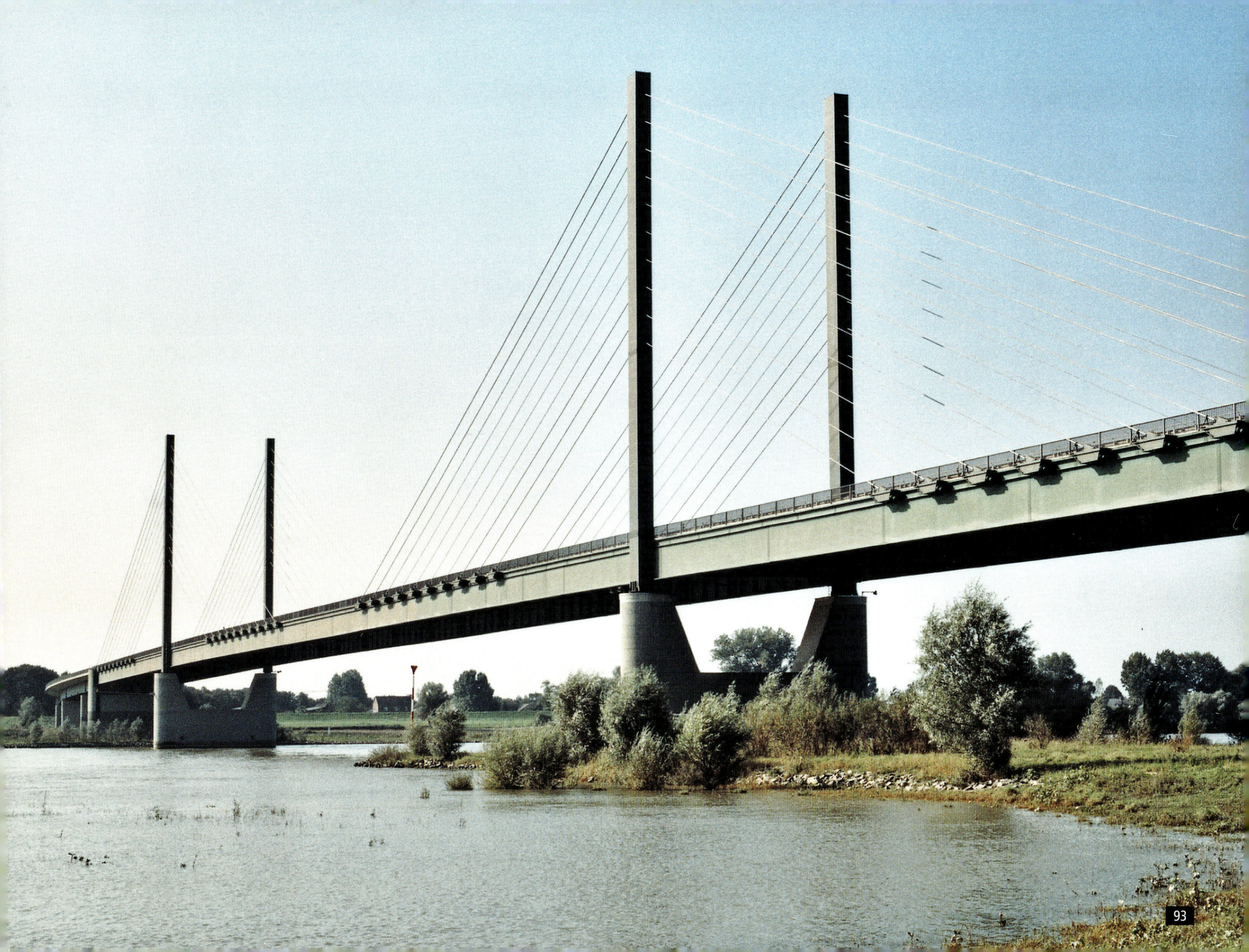

DER BRÜCKENBAU AB 1945

40 Köhlbrandbrücke Hamburg

Sie ist unbestritten die Schönste unter Deutschlands Schrägseilbrücken, die Hamburger Köhlbrandbrücke über die Süderelbe zwischen den Stadtteilen Waltershof und Neuhof. In den Jahren von 1970 bis 1974 gebaut, ist sie das faszinierende Ergebnis gelungener Zusammenarbeit von Bauingenieur und Architekt. Abzweigend von der Bundesautobahn A 7 an der Anschlussstelle Hamburg-Waltershof besteht die insgesamt 3465 m lange Brücke aus drei Teilen. Die Westrampe ist 1048 m lang und besteht, wie die 1897 m lange Ostrampe, aus Spannbeton. Weithin sichtbares Kernstück ist aber die stählerne Schrägseilbrücke mit ihren 98 m hohen unverwechselbaren Pylonen, deren 88 Seile den 325 m weit gespannten Überbau über dem Köhlbrand und die beiden rd. 98 m langen Seitenfelder tragen, ohne mit den Pylonen direkt verbunden zu sein. Die Seile, die überwiegend im oberen Stiel der Pylone verankert sind, halten den einzelligen und 17,20 m breiten stählernen Kastenträger für die vierstreifige Fahrbahn an jeweils außen liegenden Konsolen. Um den Verkehr mit Seeschiffen nicht zu behindern, musste der Überbau mit seiner Unterkante 53 m hoch über die Elbe gelegt werden. Doch das reichte offensichtlich noch nicht aus. Denn am 20. Februar 1998 fuhr ein Schwimmkran gegen den Brückenträger und richtete erhebliche Schäden an, allerdings ohne dass die Standsicherheit der Brücke in Gefahr geraten wäre.

Die Hamburger Köhlbrandbrücke ist ein besonders elegantes Bauwerk, deren Pylone an die Form überdimensionaler Stimmgabeln erinnern und im ansonsten nüchtern-geschäftigen Treiben im Hamburger Hafen unangefochten den Ton angeben. Und weil ihre Pylone so großartig geformt sind, hat man sie seither weltweit schon oft nachgebaut, was ihr sehr zur Ehre gereicht. Auch die Deutsche Bundespost erwies der norddeutschen Schönheit ihre Reverenz und gab 1987 eine Sonderbriefmarke heraus, eine „Europa-Marke" zu 80 Pfennigen.

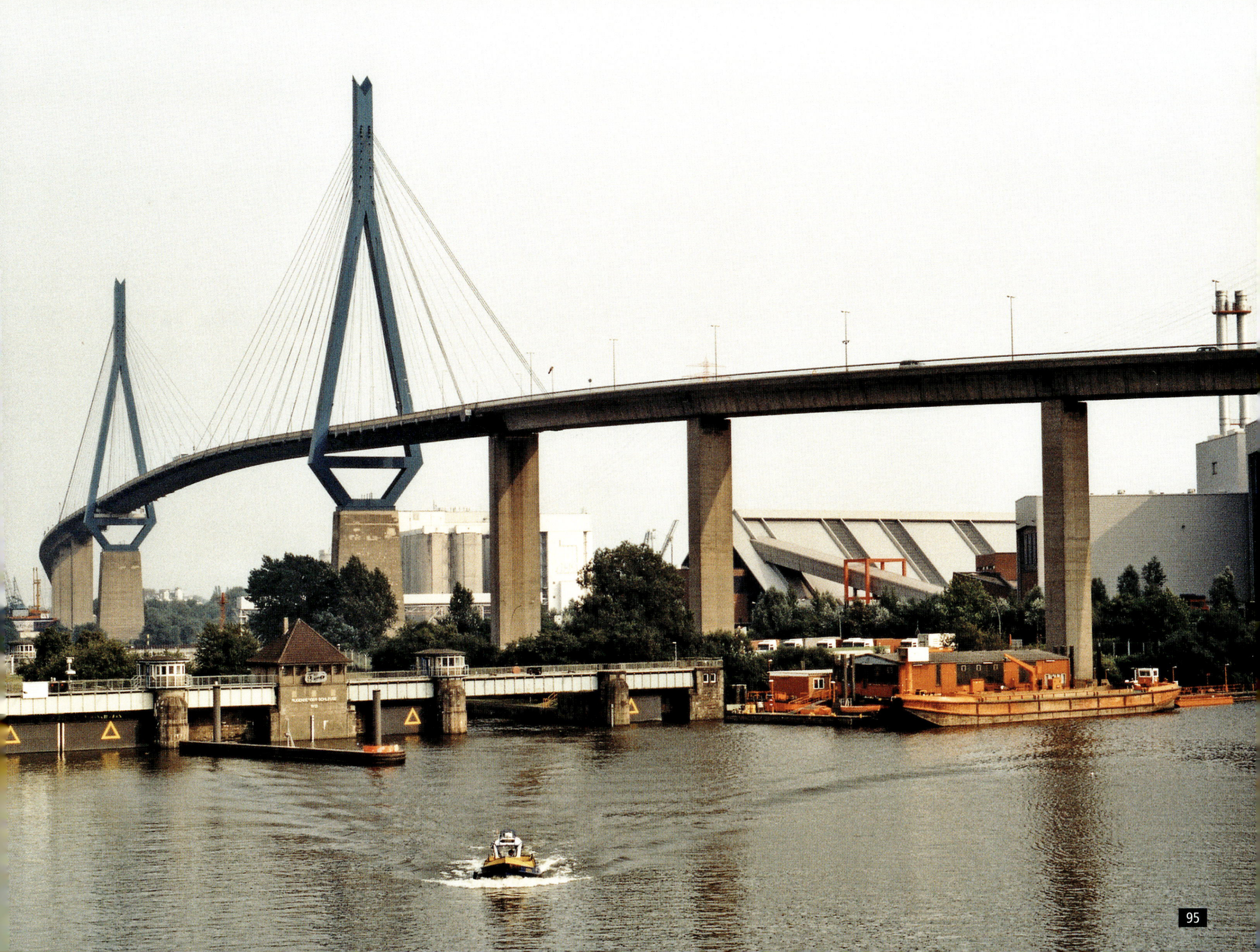

DER BRÜCKENBAU AB 1945

41 Moselbrücke Schweich

Mit einer 987 m langen Spannbetonbrücke wird die Bundesautobahn A 1 aus Richtung Koblenz nach Saarbrücken bei Schweich über die Mosel geführt. Die 1974 fertig gestellte Brücke wäre eigentlich nicht besonders zu erwähnen, wenn nicht ihre 192 m große Öffnung über dem Fluss von Pfeilern gestützt würde, die gestalterisch in Deutschland selten sind.

Die Brücke wurde im so genannten Frei-Vorbau-Verfahren von beiden nahe den Ufern stehenden Pfeilern aus hergestellt, d. h. man baute von beiden Pfeilern aus gleichzeitig in beide Richtungen den Brückenträger immer weiter auskragend, wobei darauf geachtet werden musste, dass das Gewicht der beiden Trägerabschnitte stets nahezu gleich groß war. Um die Stand- bzw. Kippsicherheit der Pfeiler zu gewährleisten, kann man sie entweder durch Stahlseile vorübergehend abspannen oder durch eine einseitige Hilfsstütze gegen Umkippen sichern. Bei der Moselbrücke Schweich hat man aus der „Not" eine ästhetische Tugend gemacht, d. h. gemeinsam mit einem erfahrenen Architekten eine besondere Pfeilerform entwickelt. Die beiden Pfeiler bestehen hier also nicht aus einer wie sonst üblichen massiven Scheibe aus Beton, sondern aus je zwei Einzelpfeilern im Achsabstand von 7 m, die im Bereich der Fundamentsockel mit den hier angeordneten Lagern zunächst schmal sind, mit zunehmender Höhe dann dicker werden und, wie auf Stelzen stehend, in den 9,80 m hohen Brückenträger einbinden. Um den Übergang vom Pfeiler zum Träger nicht allzu abrupt zu vollziehen, laufen die Pfeilerscheiben außen noch etwas weiter nach oben und enden lang gezogen und spitz auslaufend unterhalb der Trägeroberkante. Die Moselbrücke Schweich ruht also auf rombenartigen Stelzen, sehr schön anzusehen und eine nicht nur technische, sondern auch gestalterische Meisterleistung.

97

42 Donaubrücke Straubing

Als von 1974 bis 1977 die Bundesstraße B 20 zwischen der südlich der Donau verlaufenden Bundesstraße B 8 und der nördlich der Donau neu gebauten Bundesautobahn A 3 auf elf Kilometer Länge verlegt wurde, musste auch ein neuer Übergang über die Donau südwestlich von Straubing geschaffen werden. Das markante Wahrzeichen dieser 615 m langen Brücke ist ein 200 m weit gespannter und im Scheitel rd. 32 m hoher stählerner Stabbogen, dessen beide Bogenteile im Abstand von 15,50 m außerhalb der Geländerebenen liegen und mit sich kreuzenden Diagonalen gegeneinander ausgesteift sind. Durch die sehr schlanken Abmessungen der im Querschnitt kastenförmigen Bögen, die 1,80 m hoch und 1,20 m breit sind, wirkt das Tragwerk beeindruckend leicht und wohl geformt. Zu dieser Wirkung tragen auch die beiden nur 2,15 m hohen Überbauträger bei, die im Abstand von rd. 15,40 m mittels stählerner Stangen an den Bögen aufgehängt und mit einer orthotropen stählernen Fahrbahntafel verbunden sind.

Auf der Straubinger Seite der 1977 fertig gestellten Donaubrücke steht auf einem kleinen Parkplatz eine kegelförmige Plastik aus Bronzeguss, auf der plastische Darstellungen von Ereignissen und Personen der Stadtgeschichte Straubings künden, eine liebenswerte süddeutsche Tradition, sich beim Bau eines modernen Ingenieurbauwerks unserer Tage auch der Geschichte der Region und derer zu erinnern, die weit vor uns lebten und unter ungleich schwierigeren Umständen als heute einen festen und dauerhaften Flussübergang bauen und bezahlen mussten.

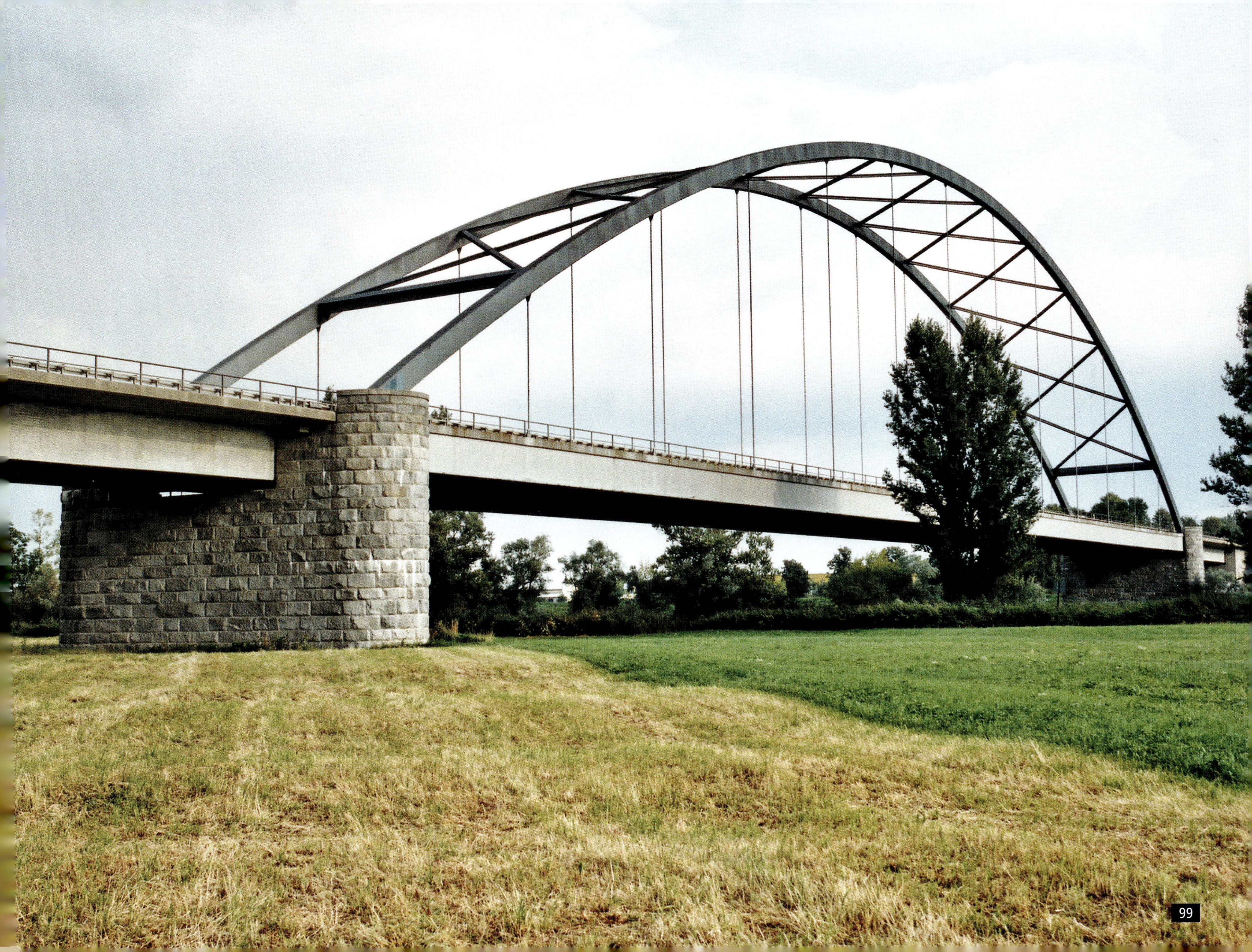

DER BRÜCKENBAU AB 1945

43 Neckartalbrücke Weitingen

Unglaublich schlank und fast masselos wirken die bis zu 120 m hohen Pfeiler der 1978 gebauten rd. 900 m langen Neckartalbrücke bei Weitingen der Bundesautobahn A 81 zwischen Herrenberg und Oberndorf. Weil in den beiden Hängen des lieblichen Tales aus geologischen Gründen keine Pfeiler errichtet werden konnten, wurden die 234 und 263 m weit gespannten Randfelder mit so genannten „Luftstützen" durch Seile unterspannt. Sie wirken dadurch wie auf dem Kopf stehende Hängewerke; ein Konstruktionsprinzip, das aus dem Holzbau bekannt ist und zum Ziel hat, bei vergrößerter Spannweite die Tragfähigkeit eines Balkens beizubehalten oder gar zu erhöhen.

Im mittleren Bereich der fünffeldrigen Talbrücke stehen im Abstand von 134 m zwei achteckige Einzelpfeiler aus Stahlbeton, deren Durchmesser nach oben hin abnehmen, wodurch ihre Schlankheit noch zusätzlich betont wird. Die beiden Pfeiler am Fuße der Talhänge bestehen aus zwei Einzelstützen, die am Kopf und im oberen Drittel durch Querriegel miteinander verbunden sind, um das Bauwerk in Querrichtung auszusteifen. Der stählerne einzellige Kastenträger hat eine Breite von 10 m, und der insgesamt 31,50 m breite Überbau, der beidseitig 10,75 m weit auskragt, wird im Abstand von 10 m durch Schrägstreben unterstützt.

Die Neckartalbrücke bei Weitingen ist ein faszinierendes Beispiel für die ästhetisch überzeugende Gestaltung einer großen Brücke, die nur durch möglichst geringe Pfeilerabmessungen und große Stützweiten erreicht werden kann, was hier zweifellos gelungen ist.

101

DER BRÜCKENBAU AB 1945

44 Kochertalbrücke bei Geislingen

Ganz klein kommt sich der Mensch vor, wenn er am Ufer des Kocher vor dieser mächtigen Brücke steht, der Kochertalbrücke bei Geislingen im Verlauf der Bundesautobahn A 6 von Heilbronn nach Nürnberg. Mit 185 m ist sie Deutschlands höchste Brücke, und der Turm des Ulmer Münsters, mit 161 m einer der höchsten Kirchtürme der Welt, hätte bequem Platz unter ihr, ohne anzuecken.

Die 1979 fertig gestellte und im Freivorbau-Verfahren hergestellte Spannbetonbrücke hat eine Länge von 1128 m. Von den neun Feldern haben die mittleren eine Stützweite von 138 m, die beiden Randfelder von 81 m. Schon allein die bis zu 180 m hohen Pfeiler, die hohl sind und mit zahlreichen Treppen und Podesten ausgestattet wurden, sind jeder für sich ein imponierendes Ingenieurbauwerk.

Die unbestreitbare Schönheit der Kochertalbrücke ergibt sich einerseits aus dem für eine Autobahn mit nur 8,60 m sehr schmalen Kastenträger mit der 31 m breiten Fahrbahnplatte, die beiderseits elf Meter weit auskragt und durch Schrägstreben am Kastenträger unten abgestützt wird, und andererseits aus den für dies Höhe ungewöhnlich schlanken Pfeilern, die sich nach oben hin verjüngen und fest mit dem Überbau verbunden sind. Scheinbar schwerelos schwebt diese beeindruckende Brücke über dem tief eingeschnittenen Tal des Kocher. Besser kann man ein so großes Bauwerk nicht entwerfen und bauen.

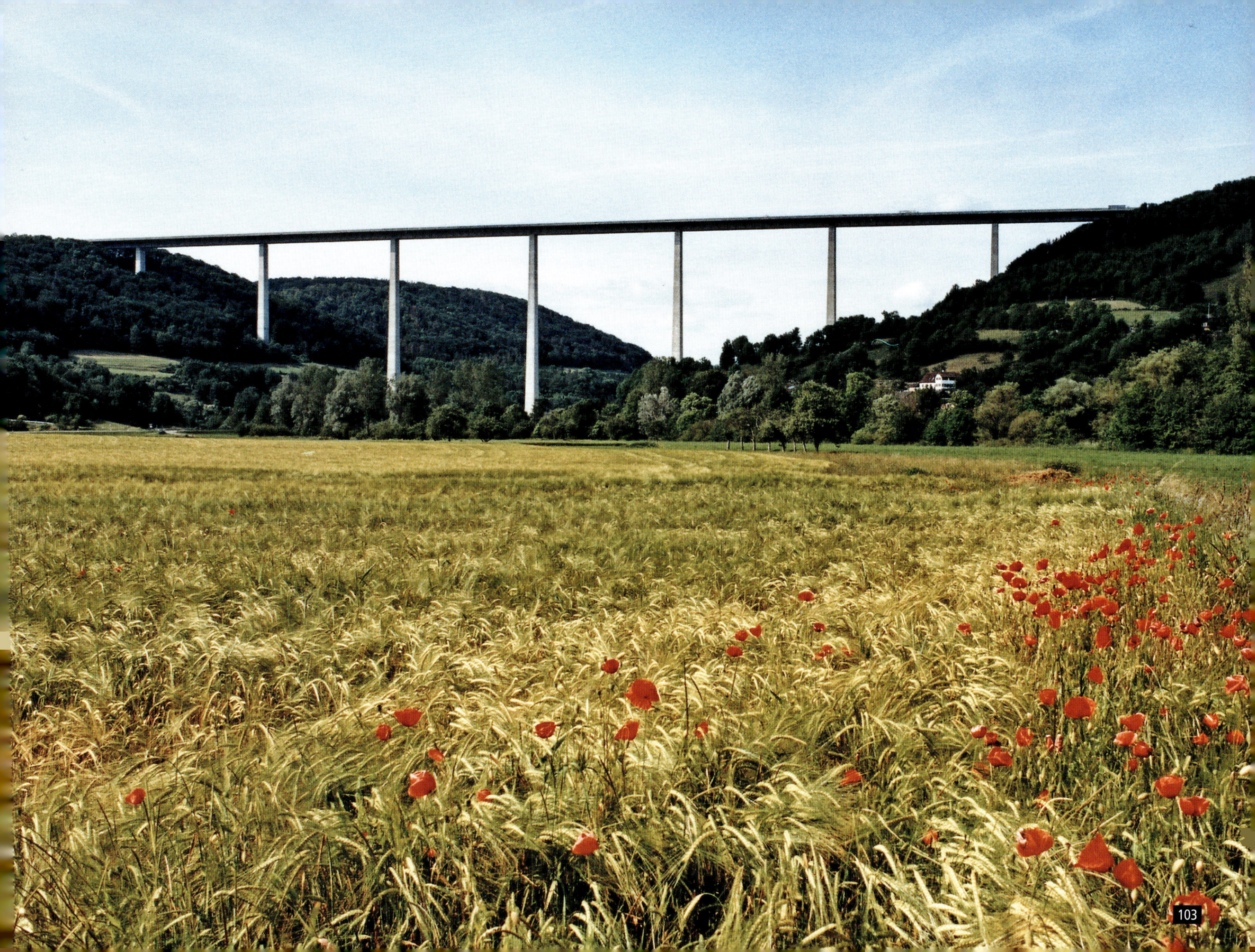

45 Rheinbrücke Düsseldorf-Flehe

Unter Deutschlands Schrägseilbrücke nimmt die 1980 fertig gestellte Rheinbrücke Düsseldorf-Flehe der Bundesautobahn A 46 eine Sonderstellung ein; nicht nur, weil ihr 146 m hoher Pylon aus Beton die Form eines umgekehrten Ypsilon hat, sondern mit ihren Seilen die bisher größte Spannweite von 368 m in Deutschland erreicht wurde. Der Bau dieser Brücke hatte seinerzeit allerdings die damalige Grenze der Spannweite aufgezeigt, die mit einer Schrägseilbrücke zu überbrücken ist. Ergänzt man sie nämlich spiegelbildlich, so erhält man eine Spannweite von fast 740 m in der Mittelöffnung.

Vom Typ her ist sie eine „einhüftige Mittelträger-Schrägseilbrücke", also mit nur einem Pylon auf der linken Rheinseite, von dem aus die Abspann- und Rückhalteseile in nur einer senkrechten Ebene im 4 m breiten Mittelstreifen des Überbaus verankert sind. Insgesamt ist die Brücke 1165 m lang. 798 m sind aus Spannbeton und 368 m aus Stahl. Verbunden sind die beiden Überbauteile durch einen Querträger im Bereich des Pylons. Schon seine Herstellung, ursprünglich in Stahl vorgesehen, war eine bautechnische Meisterleistung. Im Inneren eines seiner schrägen „Beine" ist ein Aufzug eingebaut, mit dem man bis zum Ansatz des 71 m hohen Pylonstiels fahren und von da aus über Leitern und Podeste bis zur letzten Seilverankerung gelangen kann, was durchaus sportliche Kondition voraussetzt. Denn die jederzeitige Prüfbarkeit der Seilköpfe und ihrer Verankerung auf Unversehrtheit ist unabdingbare Voraussetzung für die Sicherheit eines derart großen Ingenieurbauwerks. Der 3,80 m hohe Überbau ist 41 m breit, trägt zwei dreistreifige Richtungsfahrbahnen mit Standstreifen und außen je einen 2,75 m breiten Geh- und Radweg.

Durch ihren ungewöhnlich hohen und formschönen Pylon mit den insgesamt 96 leuchtend roten Seilen ist die Rheinbrücke Düsseldorf-Flehe schon von weitem zu sehen ein eindrucksvolles Zeugnis deutscher Brückenbaukunst.

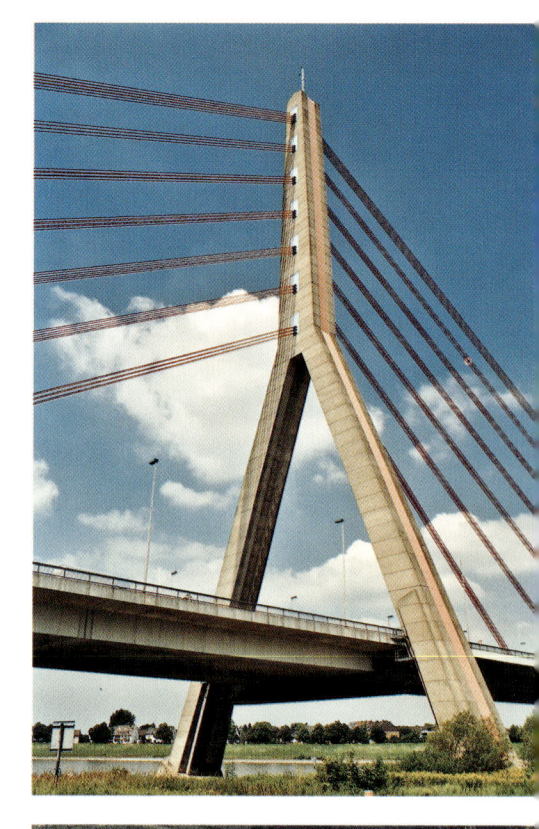

105

DER BRÜCKENBAU AB 1945

46 Werratalbrücke Wartha in Hörschel

Sie ist eines der wenigen Bauwerke, das zu Zeiten der unseligen Teilung Deutschlands von beiden Teilstaaten gemeinsam gebaut wurde. Wenn man damals vom Kirchheimer Dreieck kommend auf der Bundesautobahn A 4 über die Transitautobahn durch die DDR Richtung Erfurt nach Westberlin fahren wollte, musste man an der Anschlussstelle Wildeck/Obersuhl abfahren und über die Bundesstraße B 400 den sog. „Thüringer Zipfel" durch zahlreiche enge Ortsdurchfahrten umfahren, um ab Wommen in Richtung Herleshausen weiterzufahren. Was aber fehlte und noch zu Zeiten des Reichsautobahnbaus nicht mehr verwirklicht werden konnte, war der Talübergang über die Werra bei Wartha. Die Fahrt nach Westberlin war also eine sehr beschwerliche und zeitraubende Angelegenheit, insbesondere für den Güterverkehr.

Nach langen Verhandlungen zwischen beiden Regierungen kam es am 30. April 1980 endlich zu einer Vereinbarung über eine Reihe von Regelungen über Verkehrs- und andere Fragen, die auch den Bau der Werra-Talbrücke einschloss. Vereinbart wurde, dass die damalige BRD die Kosten in Höhe von stattlichen 186 Mio. DM trägt, in Raten an die DDR überweist und eine westdeutsche Bauunternehmung die Brücke baut. Die Preise waren nach damaligen westdeutschen Verhältnissen für eine solche Brücke viel zu hoch, aber die BRD war bereit, das Projekt nicht an den Kosten scheitern zu lassen, koste es, was es wolle!

1981 wurde mit dem Bau begonnen und 1983 war die rd. 700 m lange und 85 m hohe Talbrücke fertig. Sie hat 11 Felder und für beide Richtungsfahrbahnen einen gemeinsamen kastenförmigen Überbau aus Spannbeton, dessen auskragende Fahrbahnplatte durch Schrägstreben abgestützt wird.

Wenn man mit der Bahn durch das Werratal aus Richtung Bebra nach Eisenach fährt, kann man das eindrucksvolle Bauwerk – einen Fensterplatz auf der linken Seite vorausgesetzt – in seiner vollen Größe einige Sekunden lang bestaunen. Und zu Füßen der Brücke liegt nicht etwa die Gemeinde Wartha, sondern der Ort Hörschel, wo die Hörsel in die Werra mündet und der Rennsteig, Deutschlands bekanntester Fernwanderweg, seinen Anfang nimmt.

107

DER BRÜCKENBAU AB 1945

47 Flößerbrücke Frankfurt/Main

Eine Besonderheit unter Deutschlands Straßenbrücken ist die Flößerbrücke über den Main zwischen der Innenstadt von Frankfurt und dem Stadtteil Sachsenhausen. Ähnlich der Autobahnbrücke über die Donau bei Metten in der Nähe von Deggendorf ist sie eine Zügelgurtbrücke aus Spannbeton, bei der die von den beiden Pylonen ausgehenden Abspannungen nicht aus Stahlseilen, sondern aus Spanngliedern bestehen, also Tragglieder aus Einzeldrähten oder Litzen, die in einem Hüllrohr liegen und nach dem Anspannen (auch Vorspannen genannt) mit einem vor Rost schützenden Zementmörtel ausgepresst werden, wie das bei Spannbetonbrücken üblich ist.

Die aus drei Feldern bestehende Brücke hat Stützweiten von rd. 60, 107 und 55 m. Die beiden Pylon-Stiele sind über der Fahrbahn 21 m hoch und haben einen schräg nach oben aufgeweiteten Kopf, über den die Spannglieder umgelenkt werden, die in den sechseckigen Beton-Zügelgurten mit 1,05 m Höhe und 90 cm Breite eingeschlossen sind. Der Brückenträger besteht aus zwei Kastenträgern aus Spannbeton, die mit einer Platte aus Beton verbunden sind. Beiderseits der 13 m breiten Fahrbahn sind 4,25 m breite Geh- und Radwege vorhanden.

Die 1986 fertig gestellte Flößerbrücke ist, was bei Betonbrücken ebenfalls etwas Besonderes ist, vollständig mit einer dunkel-olivgrünen Farbe beschichtet worden. Dadurch wirkt sie zwar, besonders in der trüben Jahreszeit, etwas düster. Doch geht dafür auf den vier Seiten der Pylonköpfe das ganze Jahr über die Sonne über der europäischen Finanz-Metropole am Main auf. Eine hübsche Idee des beteiligten Architekten.

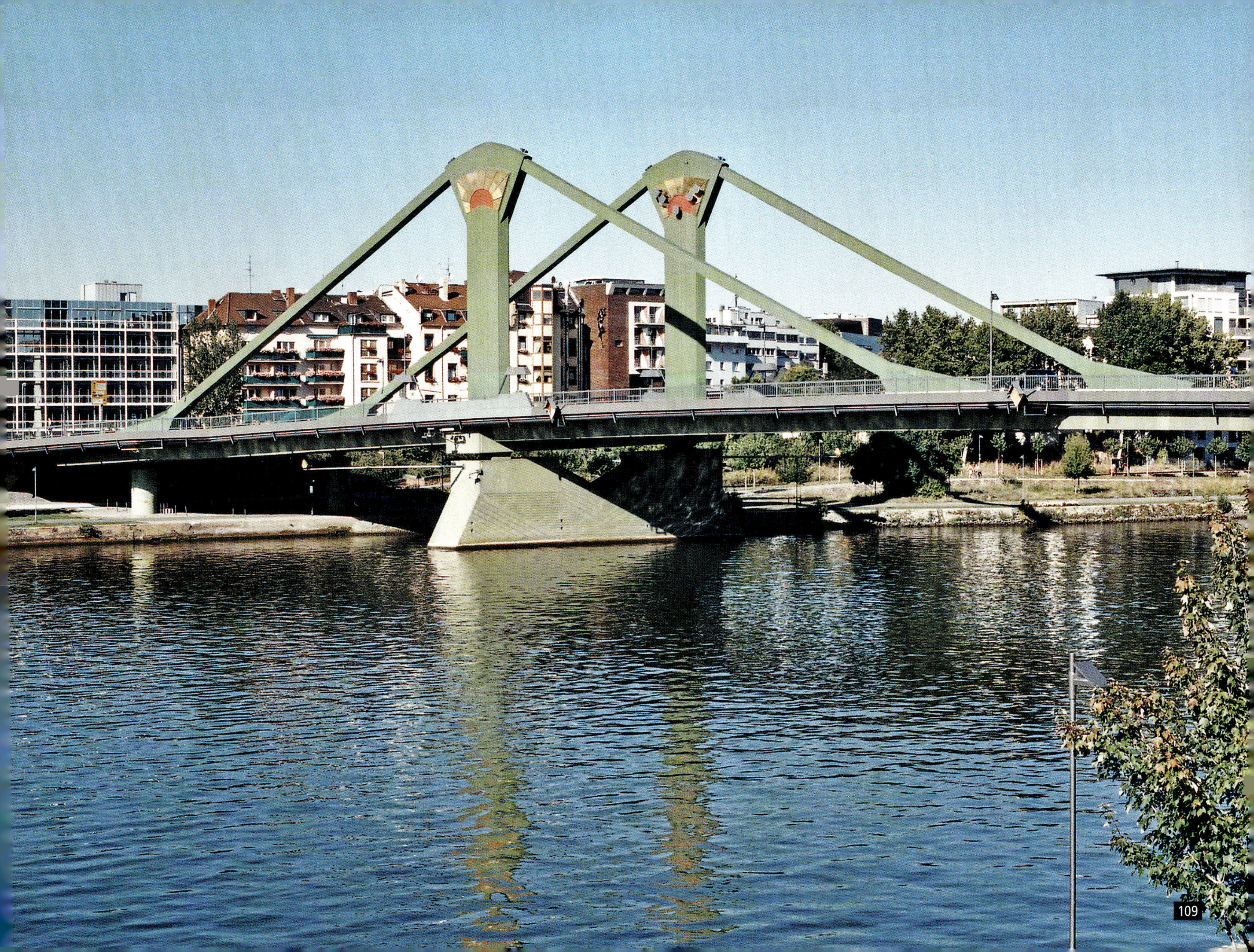

48 Gehwegbrücke bei Borken-Arnsbach

Der älteste Baustoff, mit dem Menschen erstmals Brücken gebaut haben, war Holz. Im Laufe der Technik-Geschichte wurde es zuerst durch Stein, später dann durch Eisen, Stahl und Beton verdrängt, u. a. auch weil die Überbrückung größerer Hindernisse größere Spannweiten erforderte. Dennoch werden auch heute noch Brücken aus Holz gebaut, aber meist nur noch für die Überführung von Geh- und Radwegen, also für vergleichsweise geringe Lasten.

Ein solches Bauwerk ist 1989 über die Bundesautobahn A 49 bei Borken-Arnsbach südlich von Kassel errichtet worden und zwar als Bogen mit zum Teil abgehängtem und aufgeständertem Überbau. Die beiden stabverdübelten 23 cm breiten und 84 cm hohen Bögen, die im Abstand von 3,18 m das Haupttragwerk bilden und mit einer Stützweite von rd. 37 m die gesamte Autobahn überspannen, bestehen aus sehr hartem, schwerem und dauerhaftem Bongossi-Holz. Die beiden 52 m langen Hauptträger sind aus dreilagigen Kanthölzern, in die Querbalken zur Aufnahme zweier Längsbalken und des Bohlenbelages der 2,50 m breiten Gehbahn eingefügt sind. An zwei dieser Querbalken ist der Überbau mittels Pfosten im Scheitelbereich an den beiden Bögen aufgehängt. An der hoch liegenden Seite der Brücke wird der Überbau zusätzlich durch ein hölzernes Joch über dem Kämpferfundament unterstützt.

Die ansehnliche Brücke passt gut in die schöne nordhessische Landschaft und ist ein gelungenes Beispiel für die Verwendung des alten Baustoffes Holz.

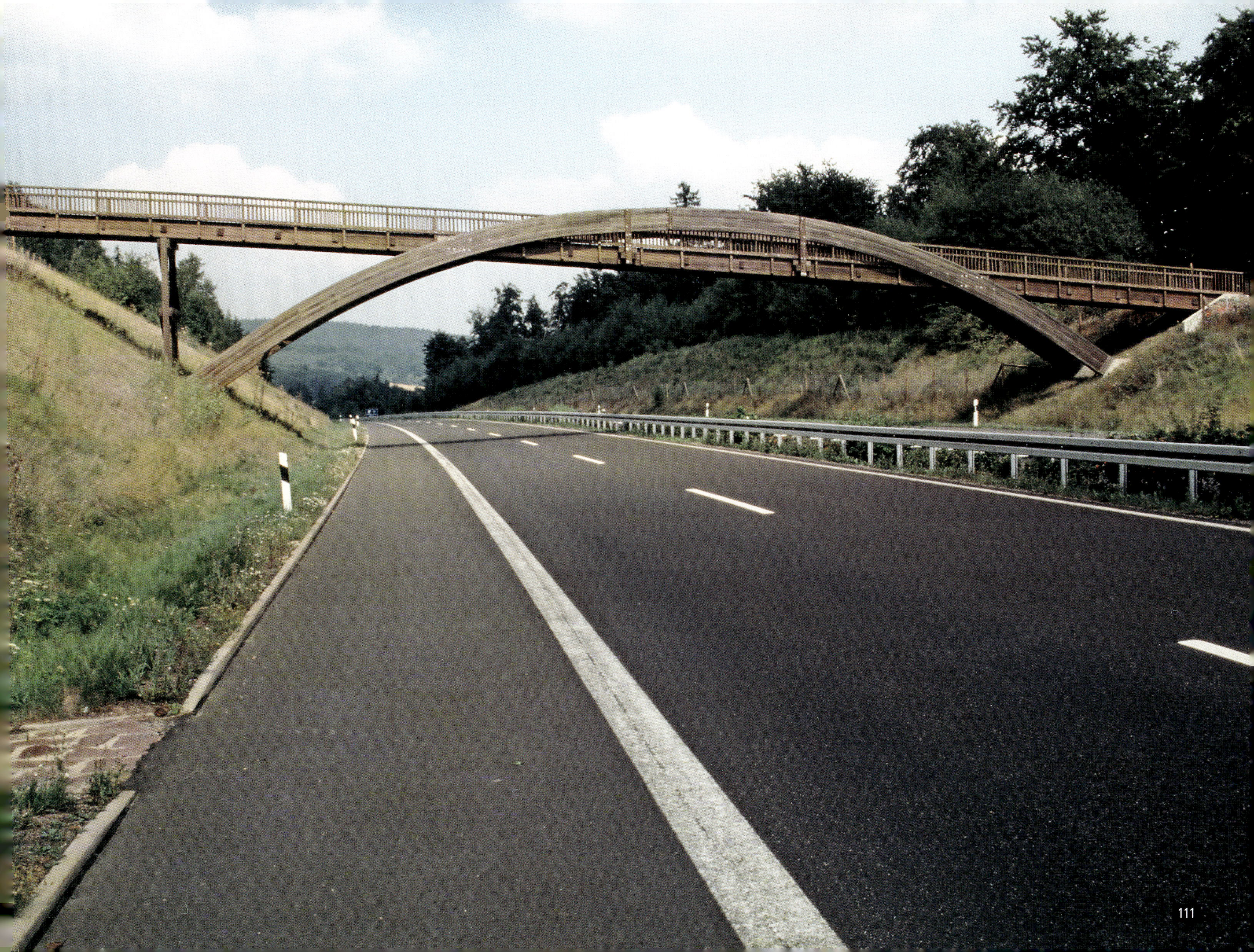

49 Lechtalbrücke Schongau

Eine elegante Spannbetonbrücke überspannt seit 1991 den etwa 2,5 km südlich von Schongau gelegenen Lechstausee im Verlauf der neuen Bundesstraße 17, die als 16 km lange Ortsumgehung die Städte Schongau und Pleiting vom Durchgangsverkehr entlastet. Die schlanke Balkenbrücke mit über den Pfeilern größeren Trägerhöhen als in Trägermitte, Vouten genannt, ist ein gelungenes Beispiel modernen Betonbrückenbaus des 20. Jahrhunderts.

Die fünf achteckigen und bis zu 34 m über den Wasserspiegel emporragenden Pfeiler verjüngen sich nach oben und betonen dadurch die gut gewählten Proportionen des Gesamtbauwerks.

Gebaut wurde die Brücke im so genannten Freivorbau-Verfahren, bei dem der Brückenträger, hier in den Pfeilern eingespannt, nach beiden Seiten annähernd gleichzeitig mittels Schalwagen hergestellt wird. Dieses von deutschen Brückenbauingenieuren nach dem 2. Weltkrieg entwickelte Verfahren, das schnell weltweite Anwendung fand, erspart erhebliche Kosten für das Errichten von Lehrgerüsten, früher aus Holz, heute aus Stahl. Um die Lechtalbrücke mit herkömmlichen, so genannten „bodengestützten" Lehrgerüsten, herzustellen, hätte man im bis zu 14 m tiefen Stausee zahlreiche Hilfsfundamente errichten müssen, was das Brückenbauwerk enorm verteuert hätte.

Die insgesamt 566 m lange Brücke hat im mittleren Bereich Stützweiten von viermal 104 m. Auf der Nordseite der 9,60 m breiten Fahrbahn befindet sich ein Geh- und Radweg, von dem man die schöne und waldreiche Landschaft des Lechtals betrachten kann.

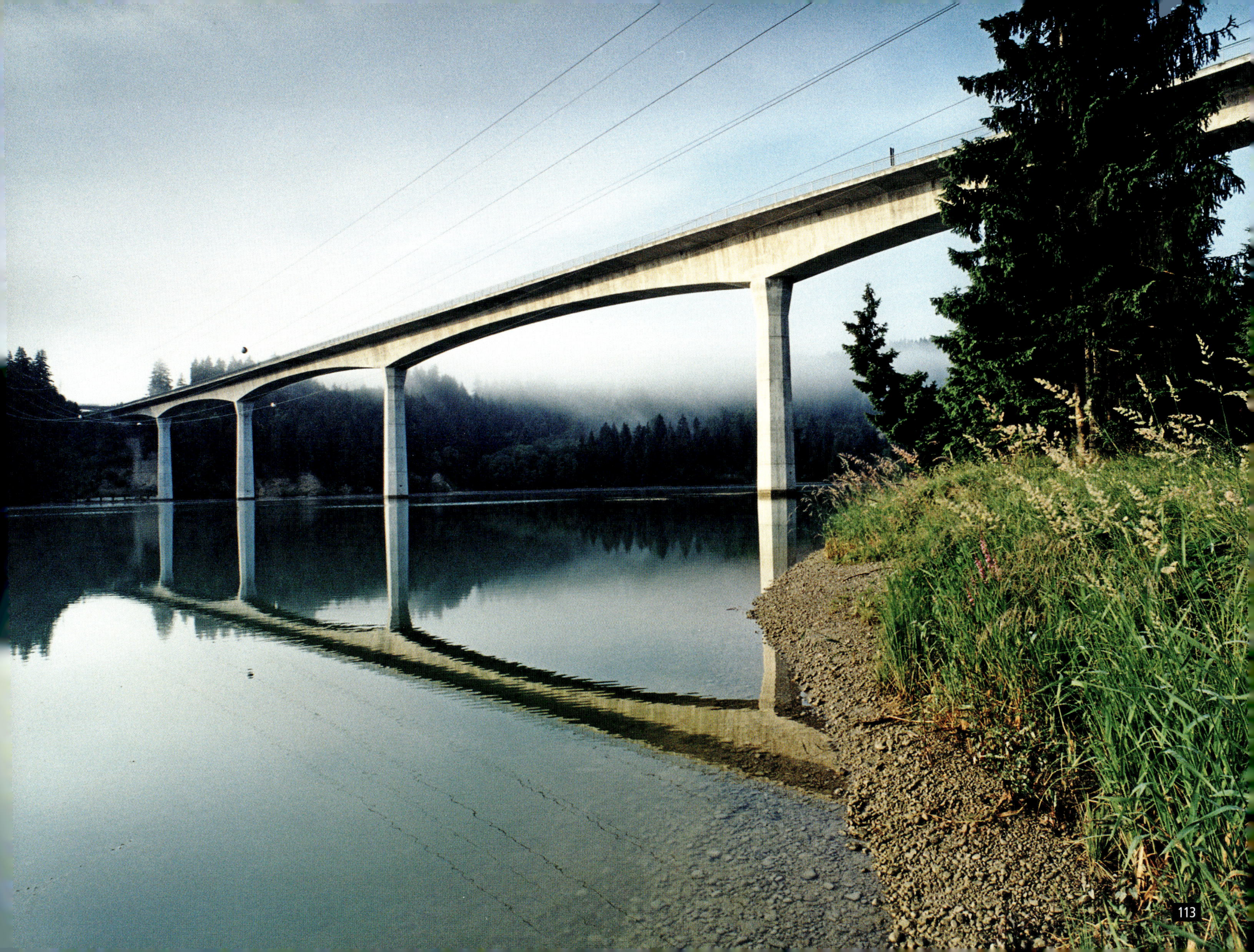

50 Rheinbrücke Duisburg-Beeckerwerth

Rund 82 Mio. Euro, oder etwa 160 Mio. DM nach alter deutscher Währung muss man ausgeben, wenn man sich eine solche Brücke leisten will. Nach vierjähriger Bauzeit wurde die Rheinbrücke Duisburg-Beeckerwerth der Bundesautobahn A 42, auch als „Emscherschnellweg" bekannt, als Verbindung zwischen der A 57 bei Kamp-Lintfort und der A 45 bei Herne 1991 für den Verkehr freigegeben. Insgesamt ist sie 1030 m lang. Der stählerne Mittelteil überspannt den Rhein als Schrägseilbrücke zwischen zwei 67 m hohen Pylonen mit einer Stützweite von 310 m. Die linksrheinische Vorlandbrücke ist 300 m, die rechtsrheinische 420 m lang. Beide bestehen aus Spannbeton. Die Verbindung zwischen den Vorlandbrücken aus Beton und dem Mittelteil aus Stahl hat man an den Pylonen vorgenommen, was wegen der gleichen Trägerhöhen von nur 3,60 m lediglich durch die unterschiedliche Farbe äußerlich erkennbar ist.

Die Strombrücke, also der stählerne Mittelteil, wird von jeweils drei „schrägen" Seilgruppen getragen, die parallel übereinanderliegen und in den Pylonen verankert sind. Auf Grund der Anordnung der Pylone im Mittelstreifen der Autobahn wird dieser Brückentyp auch als „Mittelträger-Schrägseilbrücke" bezeichnet. Die hohen Zugkräfte in den Seilen, die durch die Lasten aus dem mittleren Brückenteil in die Pylone geleitet werden, nehmen rückwärtige, spiegelbildlich angeordnete Seilgruppen zu den Vorlandbrücken hin auf.

Es ist für einen Laien sicher erstaunlich, dass nur 20 Seile mit einem Durchmesser von 11 bis 12 cm auf jeder Pylonseite eine 41 m breite sechsstreifige Autobahn mit einem einseitigen Geh- und Radweg tragen können. Aber umfangreiche Berechnungen und Prüfungen sowie die jahrzehntelangen Erfahrungen der Brückenbauingenieure bieten Gewähr dafür, dass dieses beeindruckende und wegen seiner Schlichtheit besonders schöne Bauwerk die Benutzer der A 42 jederzeit sicher von der einen Seite des Rheins zur anderen „tragen" wird.

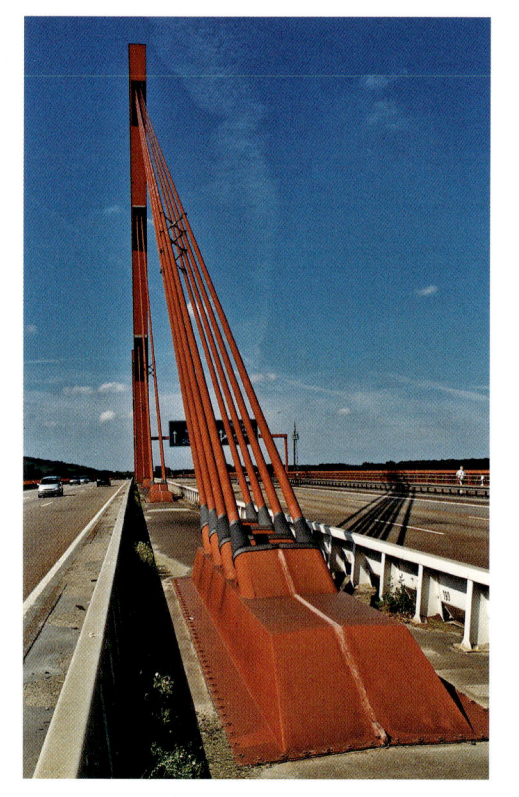

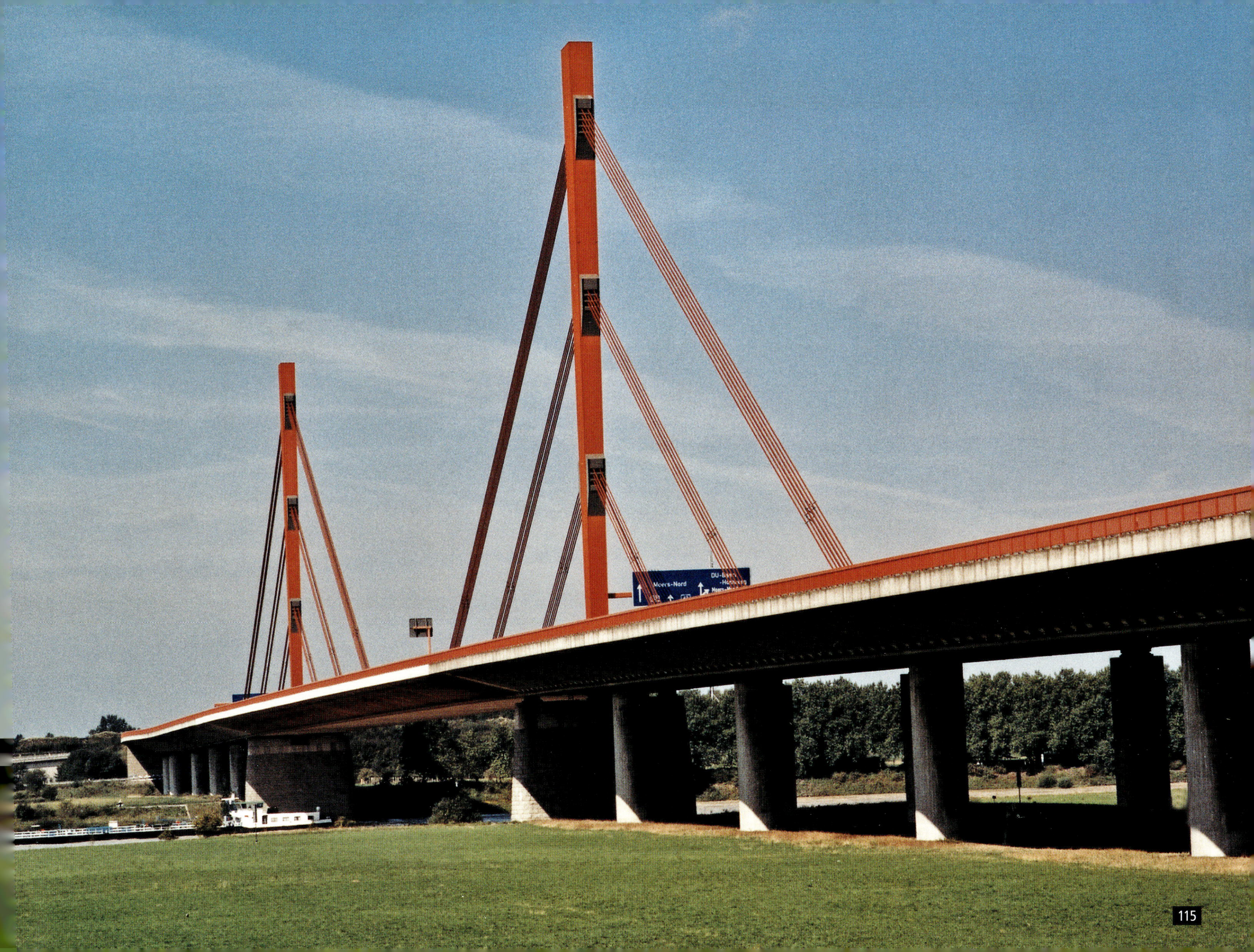
Moers-Nord

51 Elbebrücke Dömitz

Die erster Brücke über die Elbe im Verlauf der heutigen Bundesstraße B 191 zwischen Uelzen in Niedersachsen und Ludwigslust in Mecklenburg-Vorpommern war 1936 dem Verkehr übergeben, aber schon wenige Jahre später gegen Ende des 2. Weltkrieges zerstört worden. Über vierzig Jahre lang stand nur noch die Vorlandbrücke auf der linken Stromseite und bot Gelegenheit „nach drüben" zu schauen in den anderen Teil Deutschlands. Als aber im November 1989 die innerdeutsche Grenze fiel und die Menschen zu beiden Seiten des Flusses wieder zueinander kommen konnten, begannen schon 1991 die Planungen für den Wiederaufbau. Gewählt wurde wiederum eine Stahlbrücke mit einem in der Mittelöffnung über der Elbe 178 m weit gespannten Bogen, der aus zwei zueinander geneigten Teilen besteht, die im oberen Bereich kreuzweise gegeneinander ausgesteift sind. An diesen beiden über der Fahrbahn 27 m hohen Bogenteilen hängt an Rundstählen von 120 mm Durchmesser das Fahrbahntragwerk aus einer 32 cm dicken Stahlbetonplatte, die alle 20 m von stählernen Querträgern gestützt wird und eine zweistreifige Fahrbahn mit einem Geh- und Radweg trägt.

Auch bei der Elbebrücke Dömitz war ein Vorlandbereich zu überbrücken, der auf der linken Stromseite rd. 700 m breit ist. Dafür wählte man eine Spannbetonbrücke, die auf der rechten Seite nur 89 m lang ist.

Die neue Brücke steht genau an der Stelle der alten. Auf diese Weise konnte der wunderschöne Baumbestand zu beiden Seiten des linken Vorlandes erhalten werden. Das eindrucksvolle Bauwerk wurde in einer erstaunlichen kurzen Zeit von nur 17 Monaten errichtet und im Dezember 1992 dem Verkehr übergeben. Wer aus Richtung Uelzen kommt und die Elbebrücke passiert hat, findet unmittelbar vor der Kreuzung mit der B 195 ein Denkmal mit einem Teil der alten Brücke und einer Tafel mit der Inschrift: „Dem am 3. Oktober 1990 wiedervereinten deutschen Volk gewidmet".

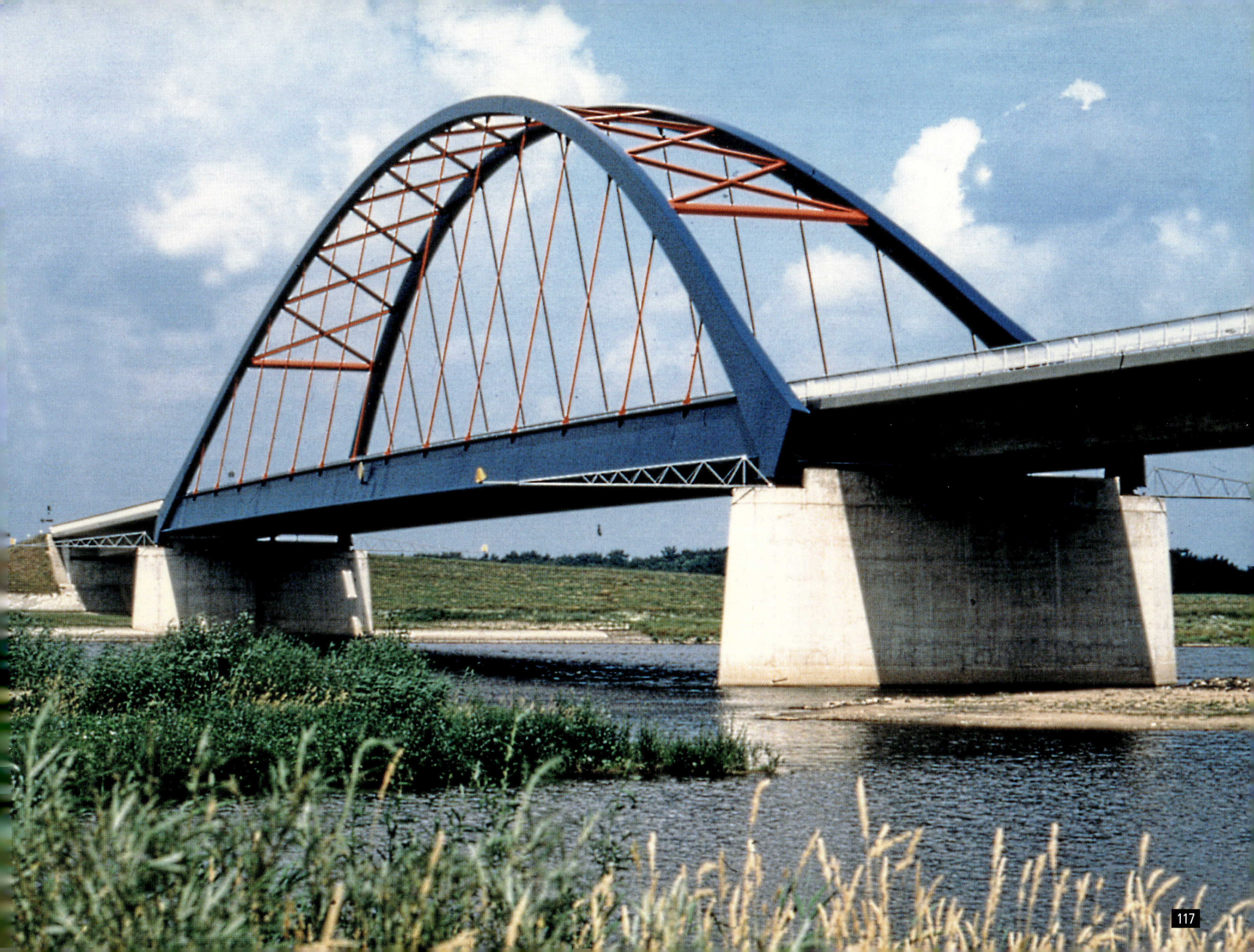

DER BRÜCKENBAU AB 1945

52 Ilmbrücke Stadtilm (Kellerbrücke)

Südöstlich von Arnstadt liegt im lieblichen Tal der Ilm die kleine Gemeinde Stadtilm. Als Anfang der 1990er Jahre die durch den Ort führende Landesstraße L 1048 ausgebaut wurde, musste die alte aus dem Jahre 1920 stammende dreifeldrige Bogenbrücke aus Beton über die Ilm durch einen Neubau ersetzt werden. In Anlehnung an das Aussehen der alten Brücke und zum behutsamen Einfügen in das von Zerstörungen des 2. Weltkrieges verschonte historische Stadtbild, ist die neue Brücke 1994 wiederum als Dreifeldbauwerk errichtet worden, diesmal aber aus korbbogenförmigen Betonbögen mit Stützweiten von 9,85 - 14,65 und 9,85 m. Zwischen den Geländern ist die Brücke 10,50 m breit und hat auf jeder Seite einen 2 m breiten Gehweg. Die massiven Pfeilervorlagen ober- und unterstrom, die bis zur Höhe der Geländer reichen, sowie die niedrigen, spitz zulaufenden Vorköpfe und die Widerlager sind mit Naturstein verkleidet.

Der Name „Kellerbrücke" stammt übrigens nach Aussage des Stadtarchivs von zwei Kellerräumen, die sich noch heute in der Nähe der Brücke unter der Ruine des Schützenhauses befinden. Dieser Keller wurde, entgegen üblicher Gepflogenheit, außerhalb des Rathauses als Ratskeller genutzt.

Die wohlproportionierte und sehr ansehnliche neue Kellerbrücke in Stadtilm ist mit viel Rücksicht auf die örtliche Situation entworfen und handwerklich vorbildlich gebaut worden. Besonders schön sind die gut gestalteten dunkelblauen Geländer, die zwischen den Brüstungen über den Pfeilern stehen.

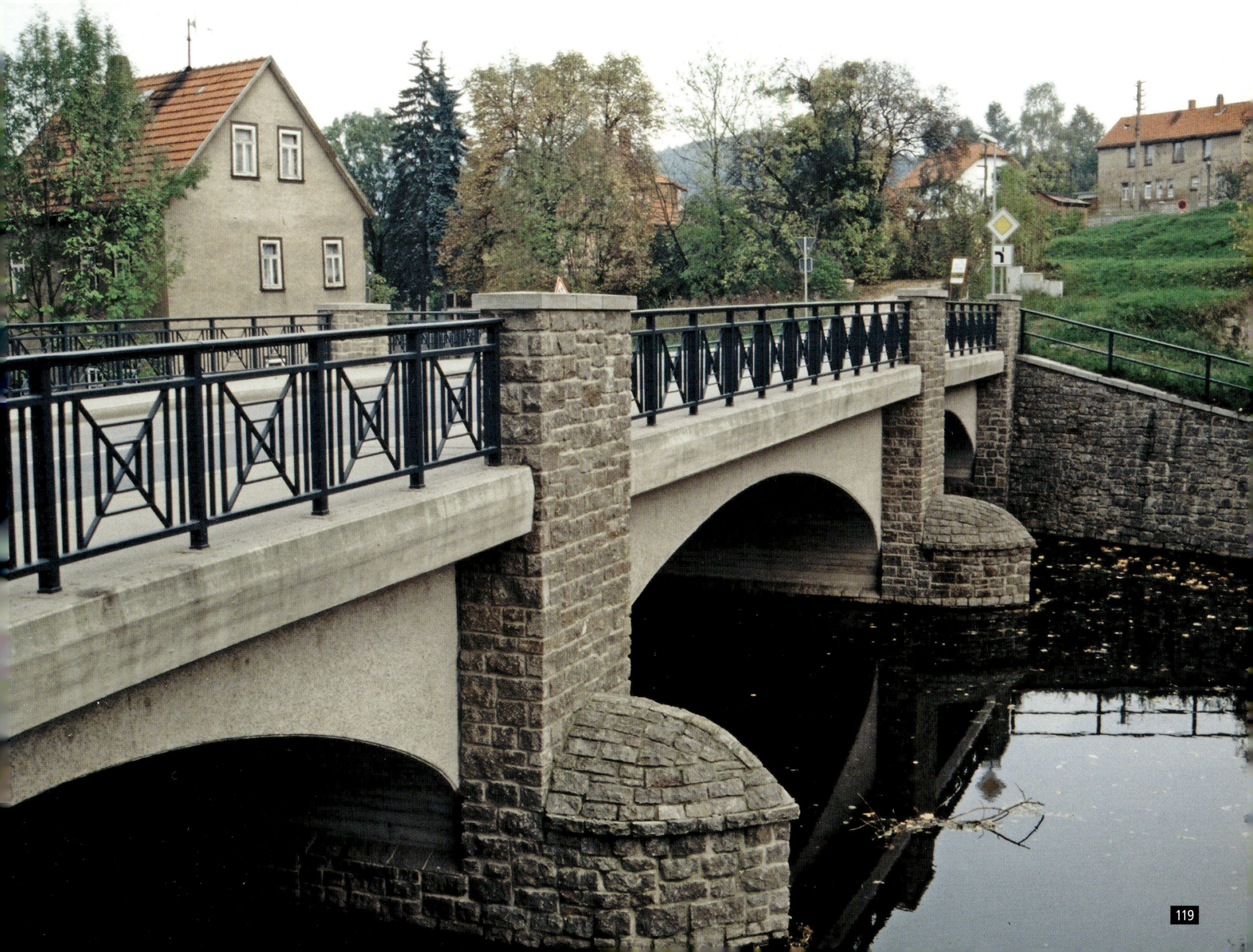

53 Jahrtausendbrücke Brandenburg/Havel

Bei einem Besuch in der 1077 Jahre alten Havelstadt Brandenburg entdeckt man auch eine Brücke, die man eher in einem südeuropäischen Land oder im Orient vermuten würde, die „weiße" Jahrtausendbrücke über die Havel zwischen der Alt- und der Neustadt. Obwohl sie mit dem Baujahr 1996 noch sehr jung ist, hat der Havelübergang an dieser Stelle eine lange Geschichte. Ursprünglich als Lange Brücke bezeichnet, gab es hier schon um 1230 einen ersten festen Flussübergang. Im Dreißigjährigen Krieg beschädigt, entstand 1667 eine hölzerne Klappbrücke, die immer wieder erneuert werden musste. 1860/61 entstand wieder ein Neubau mit einer aufklappbaren Mittelöffnung für die Durchfahrt von Lastenseglern. Instandsetzungen und Umbauten folgten, 1892 baute man eine stählerne Fachwerkbrücke mit einer Doppelklappe. Die Vorgängerin der heutigen Havelbrücke entstand dann 1928/29 aus Stahlbeton mit drei Feldern. Da im Jahre 1929 das 1000-jährige Bestehen der Stadt Brandenburg begangen wurde, erhielt die Brücke den Namen „Jahrtausendbrücke".

Ende April 1945 sprengten deutsche Soldaten das Bauwerk, das bis 1947 wieder aufgebaut wurde und bis zur Fertigstellung der Westtangente dem Verkehr der Bundesstraße B 1 diente. 1996 schließlich musste die geschädigte Brücke einem Neubau weichen, der mit seinen Abmessungen und der äußeren Gestalt der alten Brücke von 1929 sehr ähnlich ist. Die dreifeldrige Brücke aus Stahlbeton hat Stützweiten von 17 - 22, 80 und 17 m. Auf den beiden bis zur Geländerhöhe hochgeführten halbkreisförmigen Pfeilervorköpfen stehen ober- und unterstrom je zwei stählerne weiße Säulen, die aus sich nach oben verschlankenden Kreissegmenten bestehen, auf deren Spitze sich eine Krone befindet, die einer Bischofsmütze ähnlich ist. An diesen Säulen sind in halber Höhe schön geformte Lampen befestigt. Und seitlich neben den Widerlagern stehen oberstrom 2 gleiche kleine Gebäude mit einem tonnenförmigen Dach, die eine Torwirkung andeuten.

Das Auffälligste an dieser Brücke ist jedoch die Verkleidung ihrer Pfeiler und Widerlager mit insgesamt 47.355 weißen und cremefarbenen glasierten Klinkern und die weiß beschichteten Betonflächen des Überbaus. Insbesondere bei Sonnenschein beeindruckt dieses „strahlend-weiße" Brückenbauwerk, und man ist geneigt anzunehmen, es bestünde nicht aus üblichem Beton, sondern aus zerbrechlichem Porzellan.

121

54 Wirtschaftswegbrücke bei Baden-Baden

In der Nähe der Tank- und Rastanlage „Bühl" der Bundesautobahn A 5 bei Baden-Baden wird seit 1996 mit einer ungewöhnlichen einfeldrigen Stahlbrücke ein Wirtschaftsweg über die in einem flachen Einschnitt verlaufende sechsstreifig ausgebaute Autobahn überführt. Das Bauwerk ist unübersehbar mit seiner purpurroten Farbe und dem dreieckförmigen Überbau, in der Fachsprache des Bauingenieurs als Hängewerk bezeichnet. Der stählerne, 43 m lange und 7,28 m breite Überbau ist mit nur 58 cm Höhe außerordentlich schlank und an den beiden durch einen Querriegel miteinander verbundenen etwa 5 m hohen bockförmigen Unterstützungen „aufgehängt". Zu den Widerlagern hin vergrößert sich der Träger um die Dicke der beiden flach geneigten Druckstreben, so dass man den Eindruck hat, der ursprünglich dickere Träger sei in Längsrichtung aufgeschnitten, nach oben geklappt und in Feldmitte „aufgebockt" worden.

Die kleine Hängewerkbrücke mit ihrem in Grauweiß gehaltenen Füllstabgeländer ist ein erfreulicher Blickfang und ein gelungenes Beispiel für die Konstruktionsvielfalt im Brückenbau.

123

55 Oderbrücke Frankfurt

Sie ist ein eindrucksvolles und schönes Bauwerk, die Grenzbrücke zwischen Deutschland und Polen über die Oder südlich von Frankfurt im Verlauf der Bundesautobahn A 12 von Berlin nach Warschau. Bereits 1953 war mit dem Bau der oberstrom gelegenen südlichen Brückenhälfte begonnen worden. Doch wurden die Bauarbeiten 1957 wieder eingestellt, als die Südbrücke sowie die Gründungen und auch die beiden Widerlager für die Nordbrücke fertig gestellt waren. Erst nach der Auflösung der politischen Machtblöcke in Europa Ende 1989 und dem darauf folgenden sprunghaften Anstieg des Grenzverkehrs waren die Voraussetzungen für den Bau der zweiten Brückenhälfte gegeben. Die Planungen begannen bereits 1991, und nach Abschluss eines Staatsvertrages zwischen der Bundesrepublik Deutschland und der Republik Polen konnte im April 1993 mit den Arbeiten für den Neubau der unterstrom gelegenen Nordbrücke und dem Umbau der Südbrücke begonnen werden.

Um das Gesamtbild der Brücke nicht zu beeinträchtigen, wurde die Nordbrücke in gleicher Form, nämlich aus sieben Stahlbetonbögen mit aufgeständerter Fahrbahn errichtet. Insgesamt ist die Brücke rd. 581 m lang. Der größte Bogen mit rd. 92 m Stützweite befindet sich über der schiffbaren Oder. Für jede Fahrtrichtung stehen zwei Fahrstreifen und ein Standstreifen von insgesamt 11,50 m Breite zur Verfügung.

Die Bauarbeiten, die von einer deutschen und einer polnischen Bauunternehmung gemeinsam ausgeführt wurden, konnten im September 1998 abgeschlossen werden. Zuvor aber, nämlich am 4. 12. 1997, hatten bereits der damalige Bundeskanzler der Bundesrepublik Deutschland, Dr. Helmut Kohl und der Ministerpräsident der Republik Polen, Jerzy Buzek die Brücke für den Verkehr freigegeben; eine Ehre, die nicht jeder Brücke zuteil wird.

125

DER BRÜCKENBAU AB 1945

56 Peenebrücke Wolgast

Ohne Zweifel eine besondere Schönheit ist die neue Peenebrücke zwischen Wolgast und der Ostseeinsel Usedom im Verlauf der Bundesstraße B 111. Das beeindruckende Bauwerk ist eine einflügelige Klappbrücke, eine Waagebalkenbrücke mit hoch liegenden Gegengewichten, also eine so genannte bewegliche Brücke, wie es in der Fachsprache heißt. Die rund 19 m breite stählerne Klappe ist 42 m lang, so dass für Schiffsdurchfahrten zwischen den Leitwerken 30,75 m zur Verfügung stehen. Bewegt wird die mächtige Klappe durch einen hydraulischen Antrieb, der von einem am südlichen Pylon wie ein Adlerhorst auskragenden Betriebsstand gesteuert wird. Die wuchtigen Gegengewichte haben die Form riesiger Zwillingsreifen, die auf einer gemeinsamen Achse befestigt sind.

Die insgesamt 247 m lange Brücke besteht aus Stahl und überführt außer der B 111 beidseitige Geh- und Radwege und ein Bahngleis über den Peenestrom. Ihre 1934 fertig gestellte Vorgängerin wurde kurz vor Ende des 2. Weltkrieges gesprengt und von 1948 bis 1950 unter großen Mühen wieder aufgebaut. Ihr Zustand war jedoch Anfang der neunziger Jahre derart schlecht, dass ein Neubau dringend erforderlich wurde. Nach einer Bauzeit von nur zweieinhalb Jahren konnte die neue Peenebrücke 1997 dem Verkehr übergeben werden.

Die moderne Waagebalkenbrücke zwischen Wolgast und der Insel Usedom ist das Ergebnis einer, wie man sehen kann, erfolgreichen Zusammenarbeit von Bauingenieur und Architekt und zeigt, dass ein technisches Bauwerk nicht nur nach Zweckmäßigkeitsgründen entworfen und gebaut werden muss. Die Brücke ist in allen Teilen wie aus einem Guss gestaltet und zum Wahrzeichen für Wolgast geworden.

127

DER BRÜCKENBAU AB 1945

57 Sudebrücke Bandekow

In der Gemeinde Bandekow, nur wenige Kilometer von der Elbe bei Boitzenburg entfernt, kreuzt die Bundesstraße B 195 das kleine Flüsschen Sude im reizvollen „Nationalpark Mecklenburgisches Elbetal". Der alten Brücke aus dem Jahre 1909 war während der Teilung Deutschlands nur wenig Aufmerksamkeit geschenkt worden, weshalb sie bis zuletzt nur noch einstreifig und mit erheblich eingeschränkter Tragfähigkeit von nur 12 t Gesamtgewicht befahrbar war. Ein Neubau war also unabwendbar und auch dringlich. Was daraus geworden ist, kann sich sehen lassen: eine in allen Teilen wohlproportionierte Brücke aus im Werk vorgefertigten Spannbeton-Trägern. Nach einer Bauzeit von nur sieben Monaten wurde diese schöne Brücke im November 1998 fertig gestellt.

Die neue Spannbetonbrücke über die Sude hat drei Felder mit Stützweiten von 17,50 m in den Seitenfeldern und 27,50 m über dem Fluss. Sie ist ein gelungenes Beispiel dafür, dass die Verwendung vorgefertigter Bauteile im Brückenbau nicht zu monotonen und fantasielosen Bauwerken führen muss, wenn sich der Wille zu einer ästhetischen Gestaltung durchsetzen kann.

Oft sind es nur Kleinigkeiten, die einer Brücke ihr unverwechselbares und wohlgefälliges Aussehen geben, wie hier die Form der Pfeiler mit der Klinkerverkleidung in der Mitte, die vertikal profilierten Auflagerscheiben, die außen abgerundeten Querträger über den Lagern und das vom Üblichen abweichende und auch farblich passende Geländer. Ein wirklich ansprechendes Brückenbauwerk.

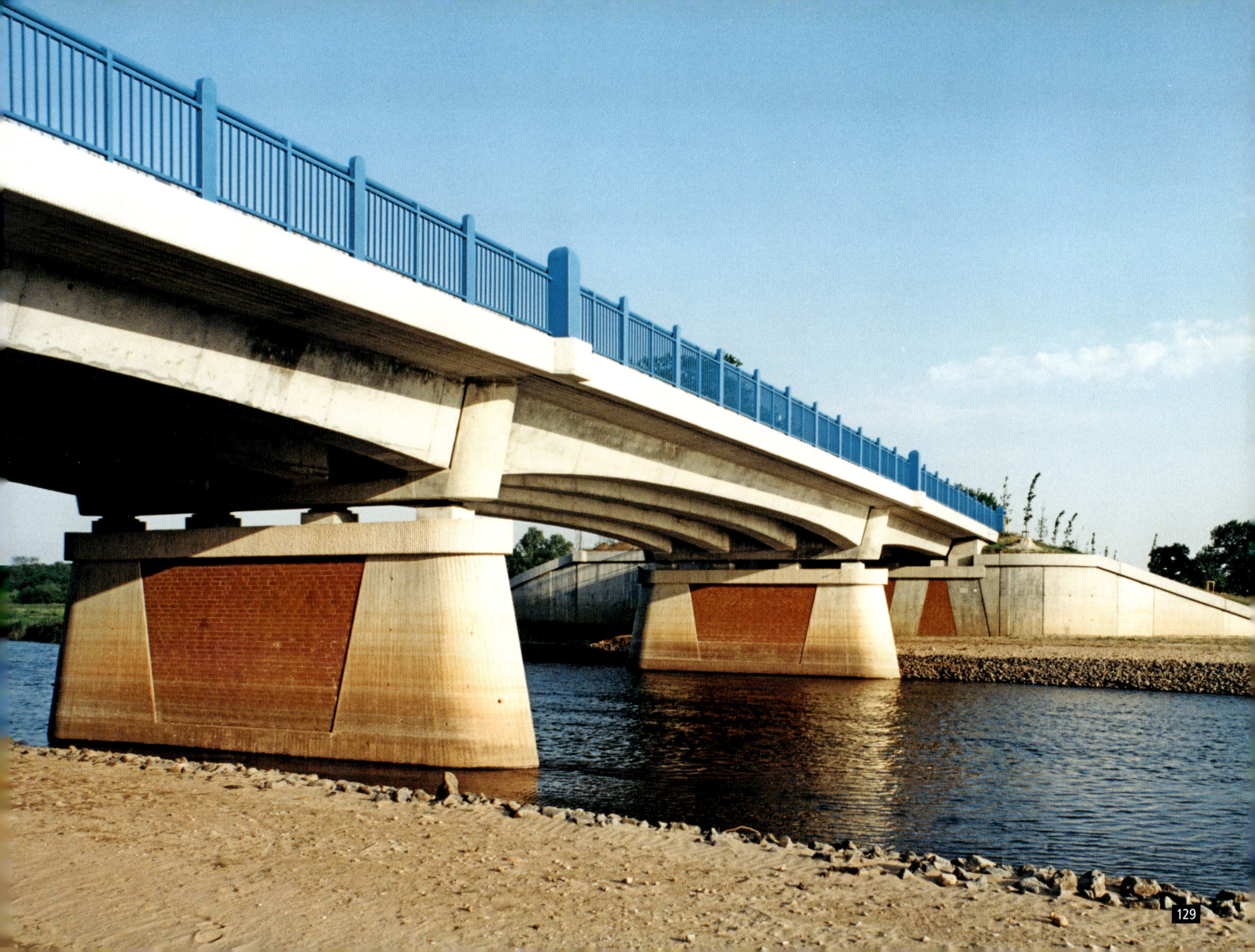

58 Werrabrücke Treffurt

Vierzig Jahre lang hat die thüringische Kleinstadt Treffurt an der Werra mit ihrem mittelalterlichen Stadtkern in unmittelbarer Nähe zur innerdeutschen Grenze ein Schattendasein führen müssen, letztlich auch abgeschnitten vom östlichen Hinterland, weil die Stadt im Fünf-Kilometer-Sperrstreifen lag und selbst die Bewohner nur mit Sondergenehmigung heraus- und wieder hineinkonnten. Die Bundesstraße B 250 nach Wanfried war unterbrochen und die Fahrt zur thüringisch-hessischen Grenze, außer der DDR-Grenztruppe, nur landwirtschaftlichen Fahrzeugen erlaubt. Die alte Brücke über die Werra war jahrzehntelang vernachlässigt worden, befand sich in einem erbarmungswürdigen Zustand und hatte zuletzt nur noch eine Tragfähigkeit von 12 Tonnen.

Als am 9. November 1989 die Grenze geöffnet wurde, ergoss sich durch Treffurt und über die Werrabrücke ein gewaltiger Verkehr, und es war nur eine Frage der Zeit, wann über die Werra eine neue Brücke gebaut werden würde.

Das aus drei Feldern bestehende neue Bauwerk kreuzt den Fluss in einem Kreisbogen von 170 m. Die Mittelöffnung ist 29 m weit gespannt und die beiden Randfelder haben Stützweiten von 21 m. Der Überbau ist eine 1,45 m dicke massive Platte aus Spannbeton, die an ihrer Unterseite flach ausgerundet ist und damit der Brücke ein sehr schlankes und elegantes Aussehen verleiht. Die beiden Pfeiler sind unterstrom zum Wasser hin schräg abfallend ausgebildet und mit einem aus regelmäßigem Schichtmauerwerk bestehenden rötlichen Sandstein verkleidet, der eine sehr schön strukturierte Oberfläche hat. Das Karminrot der Geländer und Lichtmasten harmoniert hervorragend mit dem Hellgrau der Betonflächen, und im Sommer schmückt die Stadt „ihre" Brücke mit reichlich bepflanzten Blumenkästen.

Die Fertigstellung der neuen Werrabrücke war für die Bevölkerung ein besonderer Festtag. Am Samstag, dem 27. Juni 1998 wurde das Ereignis mit einem großen Stadtfest bis spät in die Nacht gefeiert, wobei auch alle, die geplant, entworfen, gerechnet, geprüft, finanziert und gebaut hatten, mit dabei waren.

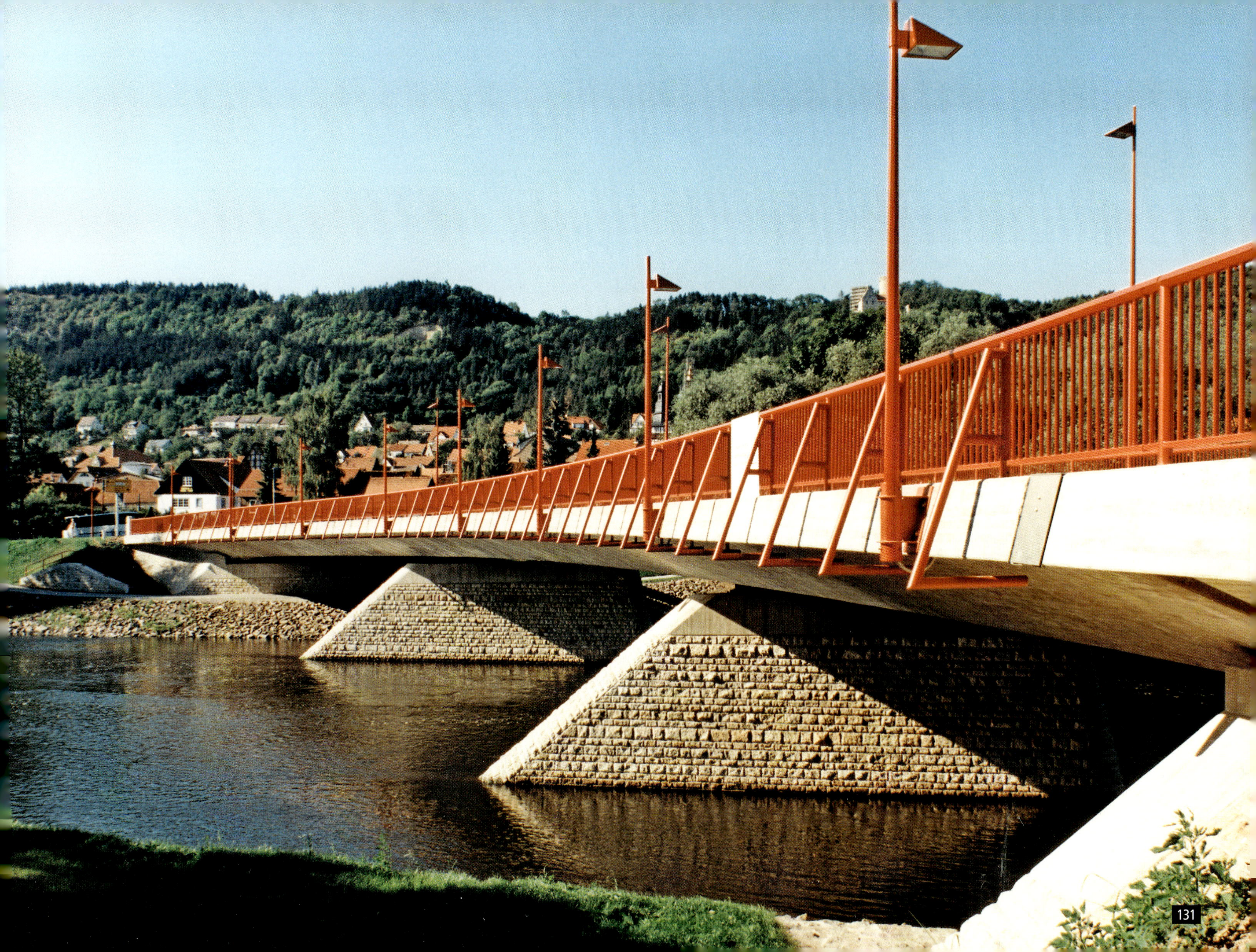

59 Gehwegbrücke bei Schnaittach

Schon von weitem ist der 15 m hohe parabelförmige Bogen der Gehwegbrücke über die sechsstreifige Bundesautobahn A 9 von Nürnberg nach Hof unmittelbar südlich der Gemeinde Schnaittach für die Benutzer der Autobahn zu sehen, denn das schlanke und wohlgeformte Brückenbauwerk liegt im Bereich einer Kuppe und Kurve der Autobahn.

Das Bogentragwerk besteht aus zwei stählernen Rohren, die mit 10 Grad nach innen zueinander geneigt sind, im Scheitel einen Abstand von nur 20 cm, an den Fußpunkten aber von 6,20 m haben. Der Träger für den 2,54 m breiten Gehweg, ein trapezförmiger stählerner Kasten, ist an acht V-förmig geneigten Zugstangen über außen liegende Konsolen aufgehängt. Die Stützweite der Bögen zwischen den vier Kämpfer-Fundamenten beträgt 50 m, die Gesamtlänge der Brücke 64,50 m.

Die Gehwegbrücke bei Schnaittach, die in einer landschaftlich sehr schönen Gegend liegt, besticht nicht nur durch ihre reizvolle Form, sondern auch durch ihre farbliche Gestaltung: Die beiden Bögen und der Träger sind in einem kräftigen Blau und die Zugstangen und die Geländer in einem leuchtenden Rot gehalten.

1998 wurde die Brücke fertig gestellt und hat rd. 1,1 Mio. DM gekostet.

133

DER BRÜCKENBAU AB 1945

60 Kylltalbrücke bei Bitburg

Die Bundesautobahn A 60, die von Sankt Vith in Belgien (A 27) durch die Eifel führt und bei Wittlich an die A 1 anschließt, kreuzt etwa neun Kilometer nördlich von Bitburg das landschaftlich sehr schöne und tief eingeschnittene Tal der Kyll mit einer mächtigen Bogenbrücke aus Stahlbeton. Ihre Spannweite beträgt 223 m und zählt damit zu den größten Bogenbrücken Deutschlands. Obwohl auch andere Lösungen untersucht wurden, kam letztlich nur eine Brücke in Betracht, bei der sowohl in den unteren Bereichen der steilen Talhänge als auch im Tal selbst auf Pfeiler verzichtet werden konnte, zumal sich der felsige Baugrund und die Form des Kylltales für eine Bogenbrücke geradezu anboten.

Die insgesamt 645 m lange und bis zu 93 m hohe Brücke, die aus zwei eigenständigen, für jede Richtungsfahrbahn getrennten Bögen besteht, ist ohne Lehrgerüst in den Talhängen im Freivorbau-Verfahren gebaut worden, wobei aus Stabilitätsgründen von beiden Seiten aus sowohl die Bögen als auch die Bogenpfeiler und die Überbauten abschnittsweise gemeinsam hergestellt wurden. Dabei mussten die einzelnen Bauabschnitte mittels Spannstählen im Felsen, aber auch untereinander abgespannt und verankert werden. Die beiden 7 m breiten und bis zu 3,50 m dicken Bögen sind massiv. Die Pfeilerabstände auf den Bögen betragen 34 m.

Mit den Bauarbeiten wurde im März 1995 begonnen und im September 1999 war die Brücke, die rd. 75 Mio. DM gekostet hat, fertig gestellt. Wie in den meisten Fällen, so auch bei dieser Brücke, kann der Benutzer der Autobahn die Kylltalbrücke leider nicht sehen. Wer sich aber einen Eindruck von der Größe und der ästhetisch gelungenen Form dieses Ingenieurbauwerks verschaffen möchte, der sollte von Bitburg aus die Talstraße in Richtung Kyllburg fahren oder bei einer Bahnfahrt von Trier nach Euskirchen aus dem Fenster schauen. In beiden Fällen kann man sie dann in ihrer vollen Größe bewundern.

135

DER BRÜCKENBAU AB 1945

61 Überführung „Alter Göbricher Weg" bei Pforzheim

Nördlich von Pforzheim verläuft die Bundesautobahn A 8 von Karlsruhe nach Stuttgart. Wegen ihres sechsstreifigen Ausbaus in den Jahren von 1997 bis 2000 musste auch die etwa 700 m westlich der Anschlussstelle Pforzheim-Nord vorhandene Überführung „Alter Göbricher Weg" durch eine neue rd. 70 m lange Brücke ersetzt werden. Da die Autobahn hier in einem elf Meter tiefen Einschnitt verläuft und der Baugrund aus Muschelkalkfelsen besteht, bot sich für die neue Brücke ein Bogentragwerk mit aufgeständerter Fahrbahn an.

Das sehr filigrane und leicht wirkende Bauwerk besteht aus einem parabelförmigen Bogenpaar mit einer Stützweite von rd. 51 m und einer Höhe im Scheitel über der Autobahn von etwa 11 m. Die beiden parallel zueinander stehenden Bögen sind Stahlrohre mit einem Durchmesser von nur 56 cm, auf denen im Abstand von 7,60 bis 8,50 m schlanke Stützen, ebenfalls aus Rohren, stehen, die eine nur 60 cm dicke und 10,75 m breite Stahlbetonplatte für die Fahrbahn und einen einseitigen Geh- und Radweg tragen. Im Bogenscheitel ist die Fahrbahnplatte auf 8 m Länge direkt mit den Bogenrohren verbunden.

Hergestellt wurde die Brücke mittels eines Autokrans, der jeweils die im Scheitel getrennten zwei Bogenhälften mit den bereits angeschweißten Rohrständern auf die Kämpferfundamente und eine Hilfsstütze im Mittelstreifen der Autobahn absetzte. Anschließend wurden die Bögen verschweißt und die Fahrbahnplatte hergestellt.

Der Benutzer der Autobahn kann die schön geformte Brücke, deren Farbe in einem kräftigen Dunkelrosa (Anilinrot) gehalten ist, schon von Weitem sehen, und er ist sicher angetan von der Leichtigkeit und Schwerelosigkeit dieses modernen Ingenieurbauwerks.

137

DER BRÜCKENBAU AB 1945

62 Neue Elbebrücke Pirna

Die Stadt Pirna hat im Jahre 1999 eine sehenswerte zweite Elbebrücke im Verlauf der Staatsstraße S 177 erhalten. Sie befindet sich stromab in Sichtweite und in unmittelbarer Nähe der alten steinernen Bogenbrücke von 1875.

Die insgesamt rd. 1072 m lange Brücke besteht aus zwei für jede Richtungsfahrbahn getrennten Bauwerken, auf der linken Uferseite rd. 480 m und auf der rechten rd. 176 m lang, jeweils aus Spannbeton sowie einem 416 m langen Mittelteil als Stahl-Verbundbrücke. Das Besondere an ihr ist nicht nur ihre formvollendete Gestaltung. Zwei flache nebeneinander liegende Stahlbetonbögen über der 134 m weit gespannten Stromöffnung verbinden sich im mittleren Bereich mit zwei stählernen trapezförmigen Trägern, mit denen die beiden Fahrbahnplatten aus Stahlbeton fest verbunden sind. Die Betonbögen laufen also nicht von einem Pfeiler zum anderen durch, sondern bilden als Halbbögen mit dem stählernen Überbau und den in die beiden Seitenfelder hineinführenden Halbbögen eine in sich verankerte Bogenkonstruktion, eine Verbundbrücke, die es bisher im deutschen Brückenbau noch nicht gab.

Die Schlankheit der neuen Brücke über die Elbe wird somit vor allem durch den fließenden Übergang der Stahlbetonbögen in den stählernen Überbau erreicht. Eine technisch keineswegs einfache, im Ergebnis aber beeindruckende Lösung.

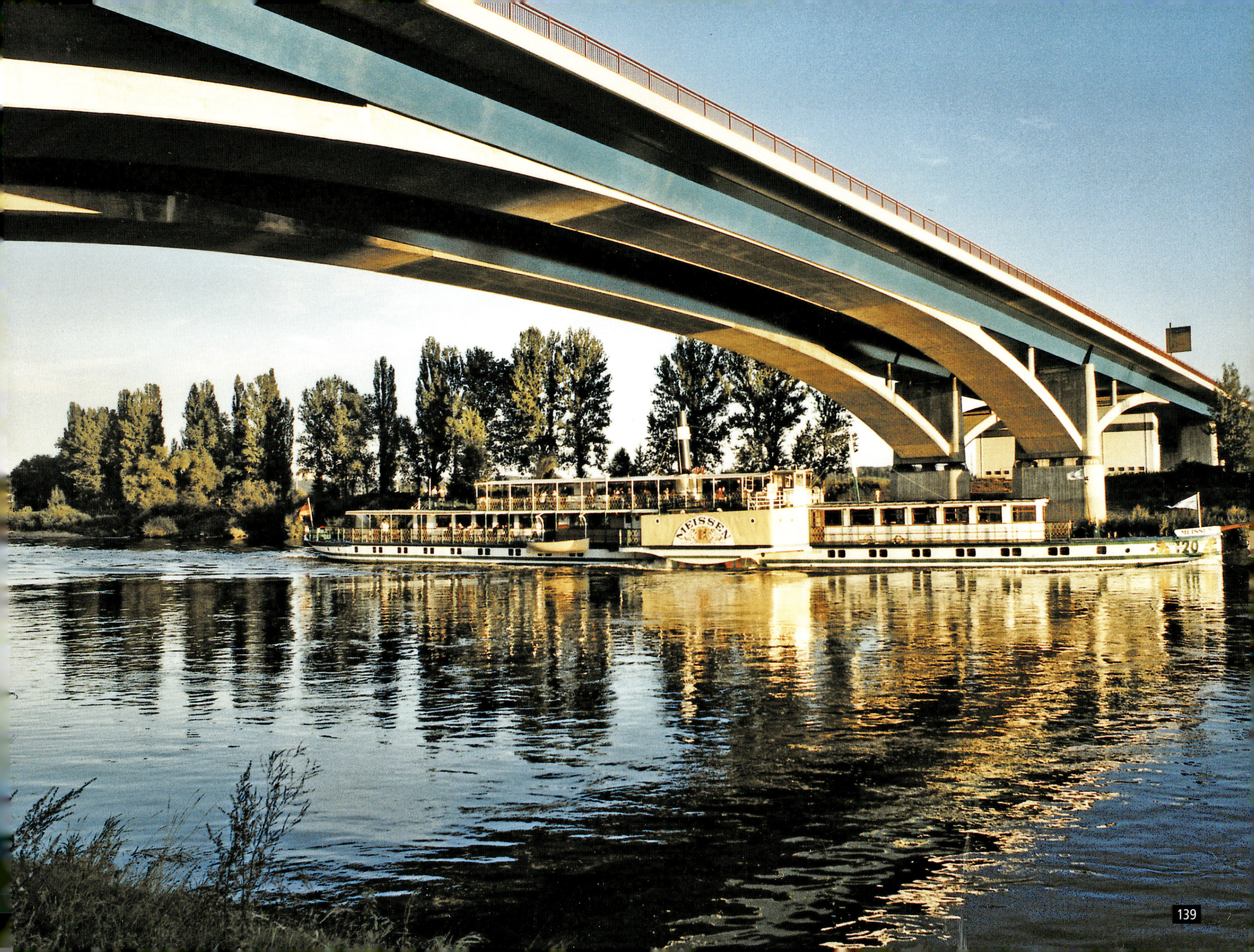
MEISSEN

63 Kreuzungsbauwerk der B 105 über die A 19 bei Rostock

Eine farbenfrohe Brücke erwartet den Verkehrsteilnehmer, der sich auf der Bundesautobahn A 19 von Süden kommend der Hansestadt Rostock nähert. Durch den Bau der Ortsumgehung Bentwisch musste auch die Anschlussstelle Rostock-Ost umgebaut und für die überführte vierstreifige Bundesstraße B 105 ein neues Brückenbauwerk errichtet werden. Um den für Rostock und seinen Hafen wichtigen Verkehrsknotenpunkt besonders hervorzuheben, wählte man zwar ein für Autobahnüberführungen typisches Bauwerk mit zwei Feldern und in die Böschungen zurückgesetzten Widerlagern, doch wurden die sichtbaren Flächen und Bauteile besonders gestaltet und farblich voneinander abgesetzt. So deuten z. B. die an den Überbauenden hochgezogenen weißen Gesimsbänder mit den Abschlüssen der blauen Geländer einen Bootskörper an. Die kräftigen Geländerpfosten sind in Rot gehalten, und über dem Mittelpfeiler ist im Geländer als besonderes Erkennungsmerkmal das Wappentier der Hansestadt, der Rostocker Greif angebracht. Die Ansichtsflächen der Widerlager und Pfeiler erhielten eine Verblendung aus Ziegelmauerwerk bzw. wurden mit Strukturschalung hergestellt.

Der sehr schlanke Überbau besteht aus dreizehn nur 1,10 m hohen und für jedes Feld 32,30 m langen stählernen Walzträgern, die über Stahldübel mit den Betonquerträgern an den Widerlagern und am Pfeiler sowie mit der Stahlbeton-Fahrbahnplatte verbunden sind. Der Mittelpfeiler besteht aus sechs ovalen Unterstützungen.

Durch die kontrastreiche Farbgestaltung und die plastische Ausbildung aller Bauwerkseinzelteile ist das im Jahre 2000 fertig gestellte Brückenbauwerk ein erfreulicher Blickfang und zu einem unübersehbaren Wahrzeichen geworden.

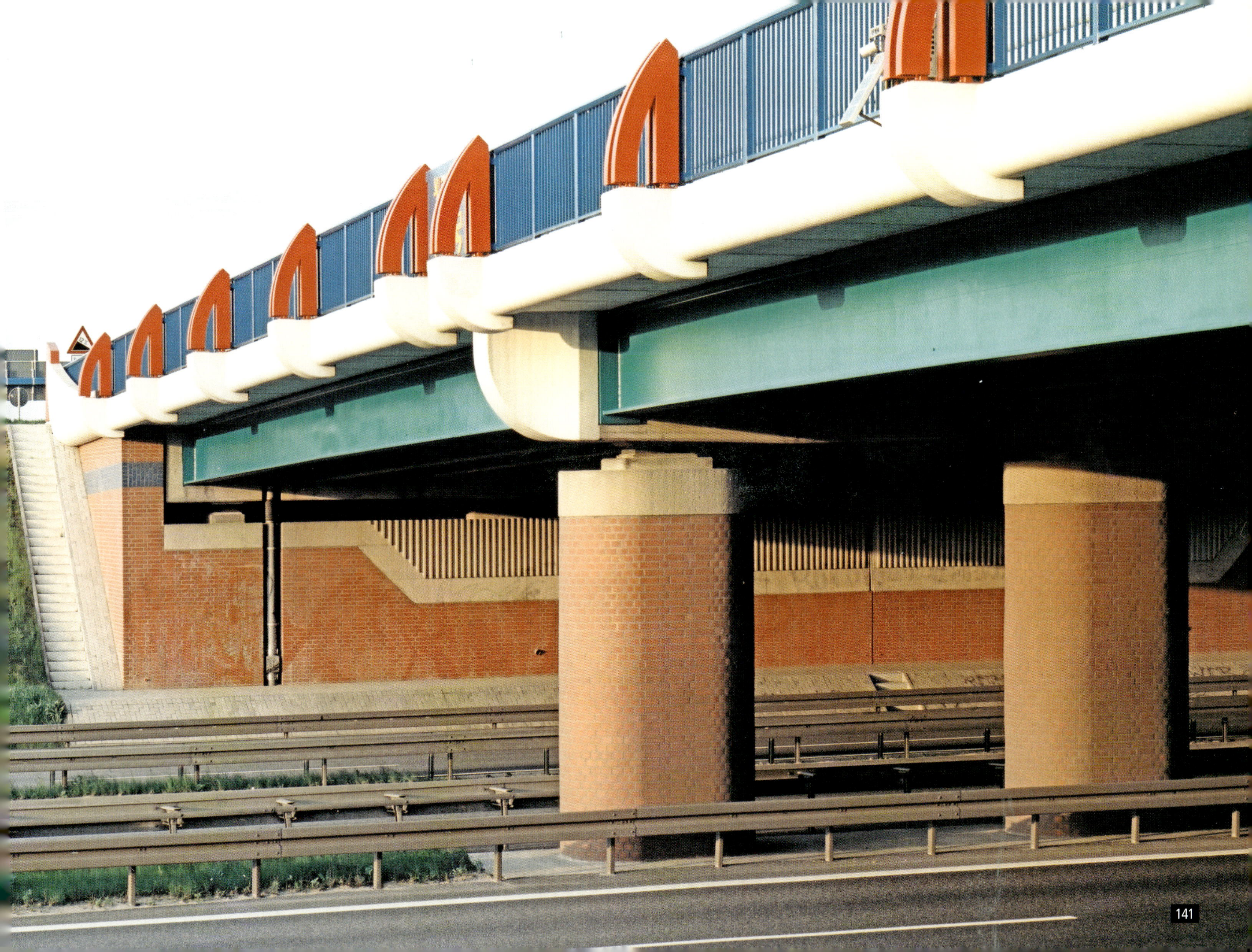

64 Saalebrücke Beesedau

Schon von weitem und aus allen Himmelsrichtungen ist sie zu sehen, die beeindruckende Brücke über die Saale bei Beesedau, südlich von Bernburg im Verlauf der Bundesautobahn A 14 von Magdeburg nach Halle. Die Brücke aus zwei zueinander geneigten und 38 m hohen stählernen Bögen mit einer Stützweite von 180 m besticht nicht nur durch ihre elegante Form, sondern auch durch ihre Farbgebung: Bögen und Fahrbahnträger sind blau, Querträger und Hängestangen mit den Schwingungsdämpfern gelb. Die an den beiden Bögen angehängten zehn Querträger tragen die für beide Fahrtrichtungen getrennten stählernen Träger mit den Fahrbahnplatten aus Stahlbeton im Verbund.

Noch eine weitere Besonderheit kann die Brücke aufweisen: Die beiden Bögen stehen nicht, wie sonst auf Pfeilern, sondern auf massiven elliptischen Fundamentsockeln, die gerade noch aus dem Erdreich herausragen. Durch die jeweils zwei rückwärtigen Schrägstreben wird ein Teil der enormen Kräfte aus den Bögen von den Fundamentsockeln in den Fahrbahnträger geleitet, was zu erheblichen Kosteneinsparungen bei den Gründungen der Strombrücke führte.

Die Saalebrücke bei Beesedau besteht aber nicht nur aus dem 180 m langen stählernen Bogenteil und den beiden 65 und 66 m langen Seitenfeldern, sondern auch aus einer 494 m langen Spannbetonbrücke auf dem linken Saaleufer. Die eleganten Bögen und die torartig geformten Pfeiler aus makellosem hellen Beton verleihen der im Jahre 2000 fertig gestellten Brücke ihr unverwechselbares Aussehen, ein Musterbeispiel für eine gelungene Zusammenarbeit von Bauingenieur und Architekt.

Eine Fahrt über die Saale ist ein Erlebnis. Man meint durch ein hohes Tor zu fahren, begrenzt durch die beiden geneigten Bögen und die leuchtend gelben Hängestangen. Und wer sich auf dem Saale-Radwanderweg von Hof nach Barby an der Elbe befindet, kann die eindrucksvolle Brücke auch von unten besichtigen.

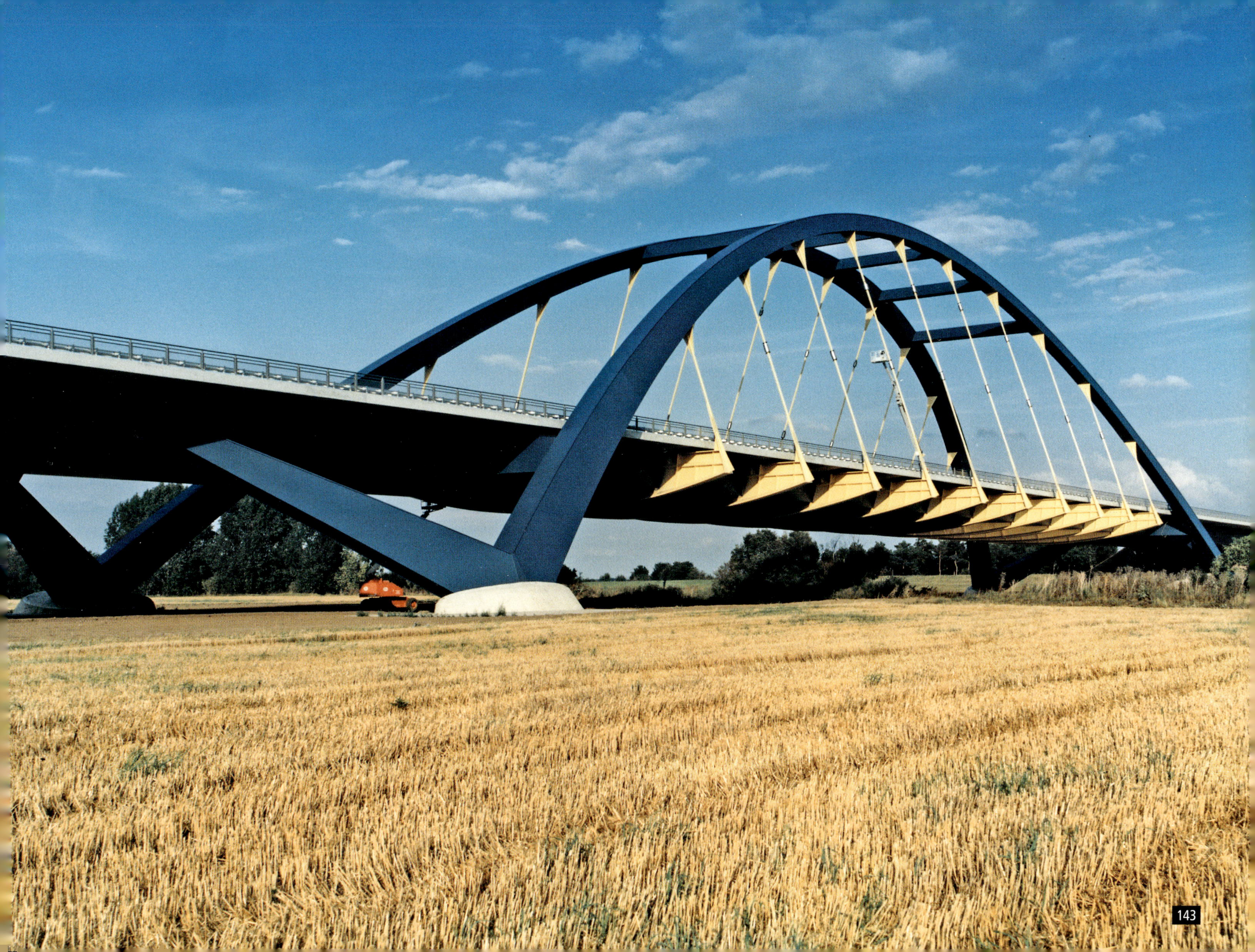

DER BRÜCKENBAU AB 1945

65 Inselbrücke Potsdam

Nördlich des Bahnhofs Potsdam-Stadt, zwischen den beiden Havel-Armen Alte und Neue Fahrt, liegt die Freundschaftsinsel, die ursprünglich aus Schwemmland des gegenüber einmündenden Flüsschens Nuthe entstanden ist. Auf der lang gestreckten Insel wurde 1937 ein prächtiger Blumengarten angelegt, im 2. Weltkrieg verwüstet und 1953 als Lehr- und Schaugarten ausgebaut. Seit 1965 gab es von der Stadtseite aus eine Behelfsbrücke, die aber im Laufe der Jahre immer mehr verfiel und sehr unansehnlich war. Im Rahmen der Umgestaltung der Freundschaftsinsel für die Bundesgartenschau 2001 in Potsdam entschloss sich die Stadt, auch eine neue Brücke für Fußgänger und leichten Wirtschaftsverkehr über die Alte Fahrt zu bauen. Die im Jahre 2000 fertig gestellte Brücke, jetzt Inselbrücke genannte, ist ein sehr schlankes einfeldriges Balkentragwerk aus zwei parallel zueinander verlaufenden Stahlträgern, die auf etwa zwei Drittel ihrer Länge im Scheitelbereich mit zwei bogenförmigen Stahlrohren von nur 45 cm Durchmesser verbunden sind und unterstützt werden. Die Stützweite der beiden gelenkig gelagerten Bögen beträgt 34 m, die Brücke selbst ist fast 46 m lang. Die 3,50 m breite Geh- bzw. Fahrbahn aus Stahlbeton, die über stählerne Bolzen mit den Stahlträgern fest verbunden ist, hat ein beiderseitiges Längsgefälle von 6 %.

Die Inselbrücke besticht nicht nur durch ihre elegante Form, sondern auch durch ihre beeindruckende Beleuchtung. Denn auf der Innenseite der Geländerpfosten befinden sich unterhalb des Handlaufs Lampen, die die gesamte Gehbahn ausleuchten. Und auch von unten wird das Bauwerk angestrahlt. Insbesondere bei Einbruch der Dämmerung, aber auch nachts bietet sich den Besuchern der Parkanlage somit das faszinierende Bild einer sich im Wasser widerspiegelnden Brücke, die unbestreitbar gut gelungen ist.

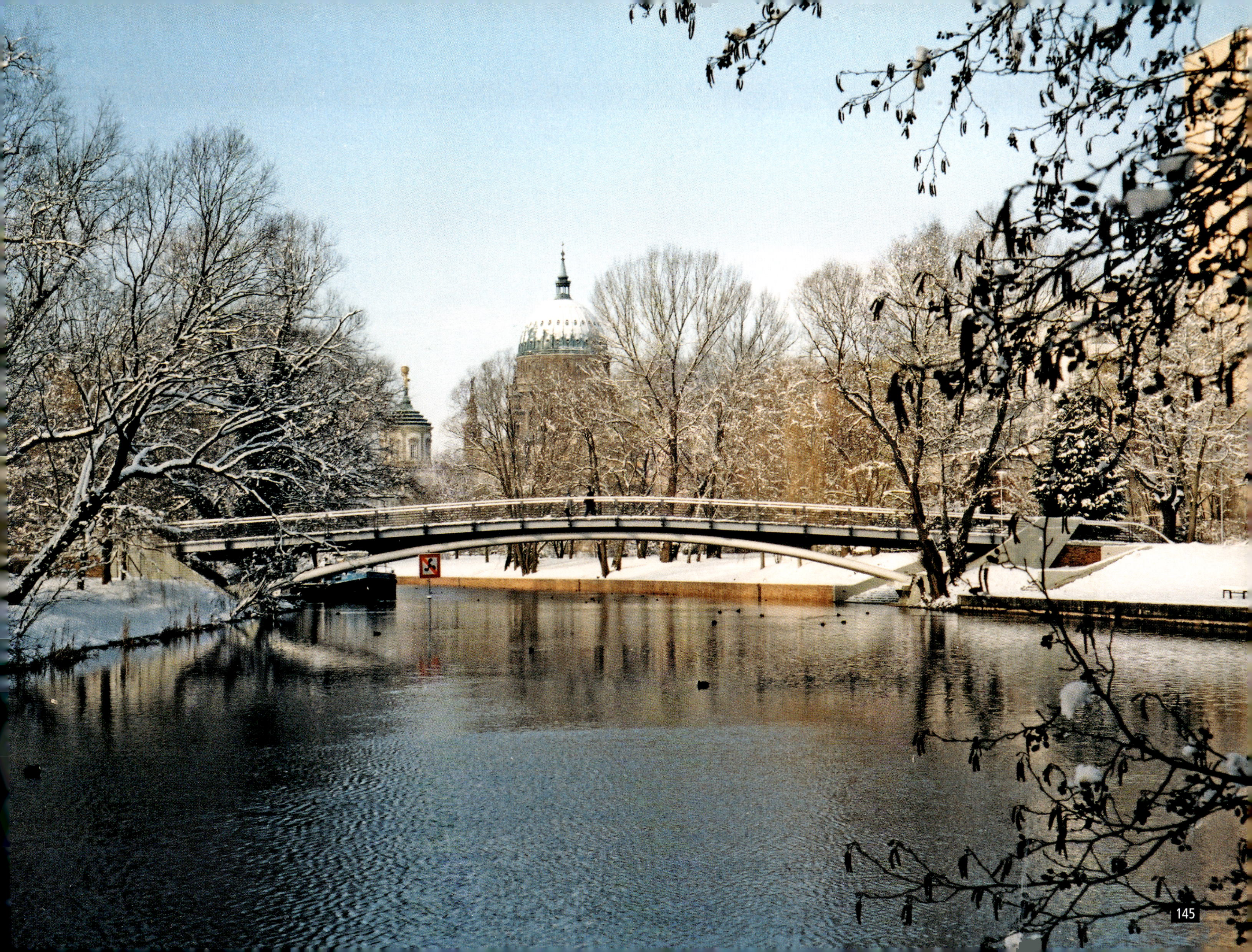

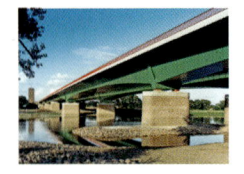

DER BRÜCKENBAU AB 1945

66 Elbebrücke Vockerode

Nördlich von Dessau in der Nähe der Gemeinde Vockerode kreuzt die Bundesautobahn A 9 mit einer 654 m langen Brücke in Stahlverbund-Bauweise die Elbe. Die heutige Brücke hatte eine Vorgängerin aus der Reichsautobahnzeit, die in den Jahren 1937/1938 als Stahlbrücke gebaut wurde. Im 2. Weltkrieg ist sie schwer beschädigt worden und noch in den letzten Kriegstagen hat man Teile des Überbaus gesprengt. Nach mehreren Behelfszuständen erfolgte in den Jahren 1967 bis 1972 der Wiederaufbau. Der schlechte Erhaltungszustand und die Entscheidung, die A 9 vom Berliner Ring (A 10) nach Nürnberg sechsstreifig auszubauen, machten einen Neubau der alten Elbebrücke erforderlich, wobei die ursprünglichen Stützweiten beibehalten und die schönen Widerlager lediglich umgebaut wurden.

Zuerst baute man auf der Süd-Ost-Seite (oberstrom) die Brückenhälfte für die Fahrtrichtung Berlin und anschließend im Abstand von 6,60 m die zweite Hälfte für die Fahrtrichtung Nürnberg. Den großen Abstand zwischen den beiden Brückenhälften wählte man, um unter der insgesamt sehr breiten Brücke die Lichtverhältnisse zu verbessern. Die beiden Überbauten sind unterschiedlich breit, weil auf der Seite oberstrom ein früher schon vorhandener Geh- und Radweg mit überführt wird.

Der aus einem trapezförmigen stählernen Trog mit Stahlbeton-Fahrbahnplatte bestehende Überbau hat im Bereich der beiden Vorlandbrücken und in der Mitte der Stromöffnung eine Höhe von 3,50 m. Über den Strompfeilern sind die Träger 6 m hoch. Durch die Vouten mit den rhombisch geformten Querträgern des rd. 125 m weit gespannten Mittelfeldes wirkt die Brücke sehr schlank. Auch ihre farbliche Gestaltung ist überzeugend. Auf den mit rötlichem Meißener Granit verkleideten Pfeilern und ihren Auflagerbänken aus hellem Beton ruht der in einem warmen Grün gehaltene Überbau, dessen Gesimsband wiederum aus Beton ist. Den oberen Abschluss bildet das Geländer in einer leuchtend roten Farbe.

Mit den Bauarbeiten, die unter voller Aufrechterhaltung des Verkehrs ausgeführt wurden, ist 1996 begonnen worden. Im Jahre 2000 konnte die neue Elbebrücke dem inzwischen stark angestiegenen Verkehr auf dieser wichtigen Nord-Süd-Autobahn übergeben werden. Wenn man sich aus Richtung Berlin kommend der Brücke nähert, sieht man schon von weitem auf der rechten Seite einen hohen Turm, auf dem nach den Vorstellungen der Erbauer der ersten Elbebrücke ein überlebensgroßer Adler thronen sollte. Dazu ist es aber nicht mehr gekommen, doch steht der Turm noch heute, ist nicht öffentlich zugänglich und ungenutzt, aber auch weiterhin ein steinernes Zeichen für den nahenden Elbeübergang.

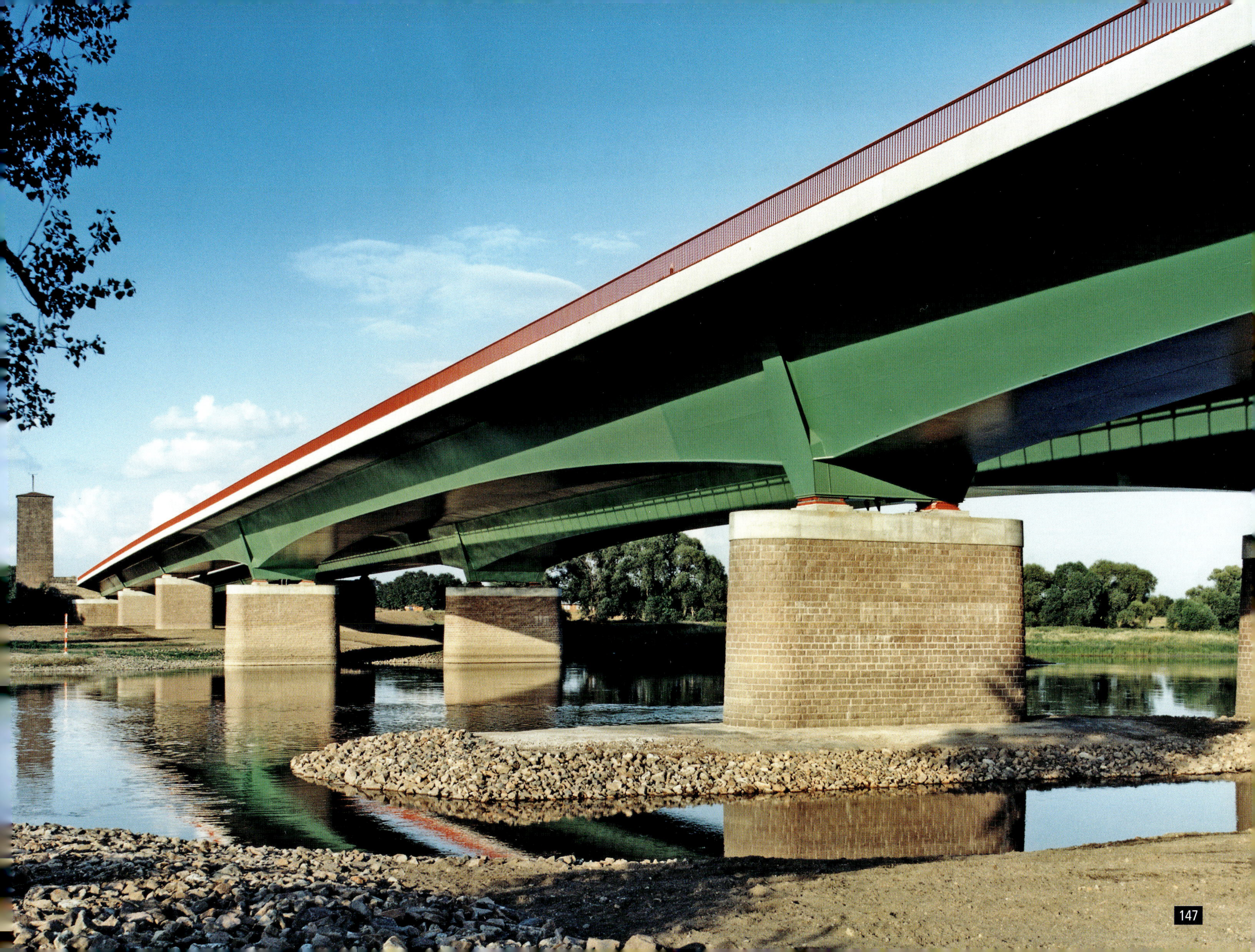

67 Karl-Heine-Bogen Leipzig

Wenn es für Brücken einen Preis für den geringsten Materialaufwand gäbe, dann wäre die unglaublich schlanke und äußerst feingliedrige Geh- und Radwegbrücke über den Karl-Heine-Kanal in Leipzig-Plagwitz mindestens Anwärterin auf einen der vordersten Plätze. Ein einziges 28 m weit gespanntes bogenförmiges Stahlrohr mit nur rd. 36 cm Durchmesser, gefüllt mit einem hochfesten Leichtbeton trägt, gestützt von V-förmigen Rohrstützen, eine vorgespannte Betonplatte von 4,17 m Breite und nur 28 cm Dicke. Man meint, dieses zarte Gebilde nur behutsam betreten und überqueren zu dürfen, damit es durch Schwingungen nicht in Gefahr gerät, plötzlich umzukippen. Aber solche Sorgen sind völlig unbegründet, denn der Bogen ist in den beiden ufernahen Fundamenten so fest und unverbiegbar eingespannt, dass selbst der Marschrhythmus einer Militärkompanie der kleinen rd. 43 m langen Brücke nichts anhaben könnte.

Und wie wurde diese sehenswerte Brücke gebaut? Das bogenförmige Rohr ist in zwei Teilen auf die Baustelle gebracht worden, per Kran auf die Fundamente gesetzt, verschweißt und mit einem hochfesten Leichtbeton gefüllt worden. Dann wurden die Kopfplatten der V-förmigen Rohrstützen mit Gerüstträgern in Längsrichtung verbunden und diagonal ausgesteift. Danach erfolgte das Verlegen vorgefertigter 10 cm dicker Leichtbetonplatten, auf die dann auf gesamter Brückenlänge eine 18 cm dicke fugenlose Platte, ebenfalls aus Leichtbeton, aufbetoniert und mittels Stahllitzen in Längsrichtung vorgespannt wurde. Zum Schluss entfernte man alle stählernen Gerüstträger und Diagonalverbände.

Der im Jahre 2000 fertig gestellte „Karl-Heine-Bogen" in Leipzig wirkt nicht nur als eine besonders leichte Brücke, sondern ist auch durch die Verwendung von hochfestem Beton aus leichtgewichtigem Material tatsächlich ein Leichtgewicht unter Deutschlands Brücken und damit eine technisch bemerkenswerte Neuentwicklung.

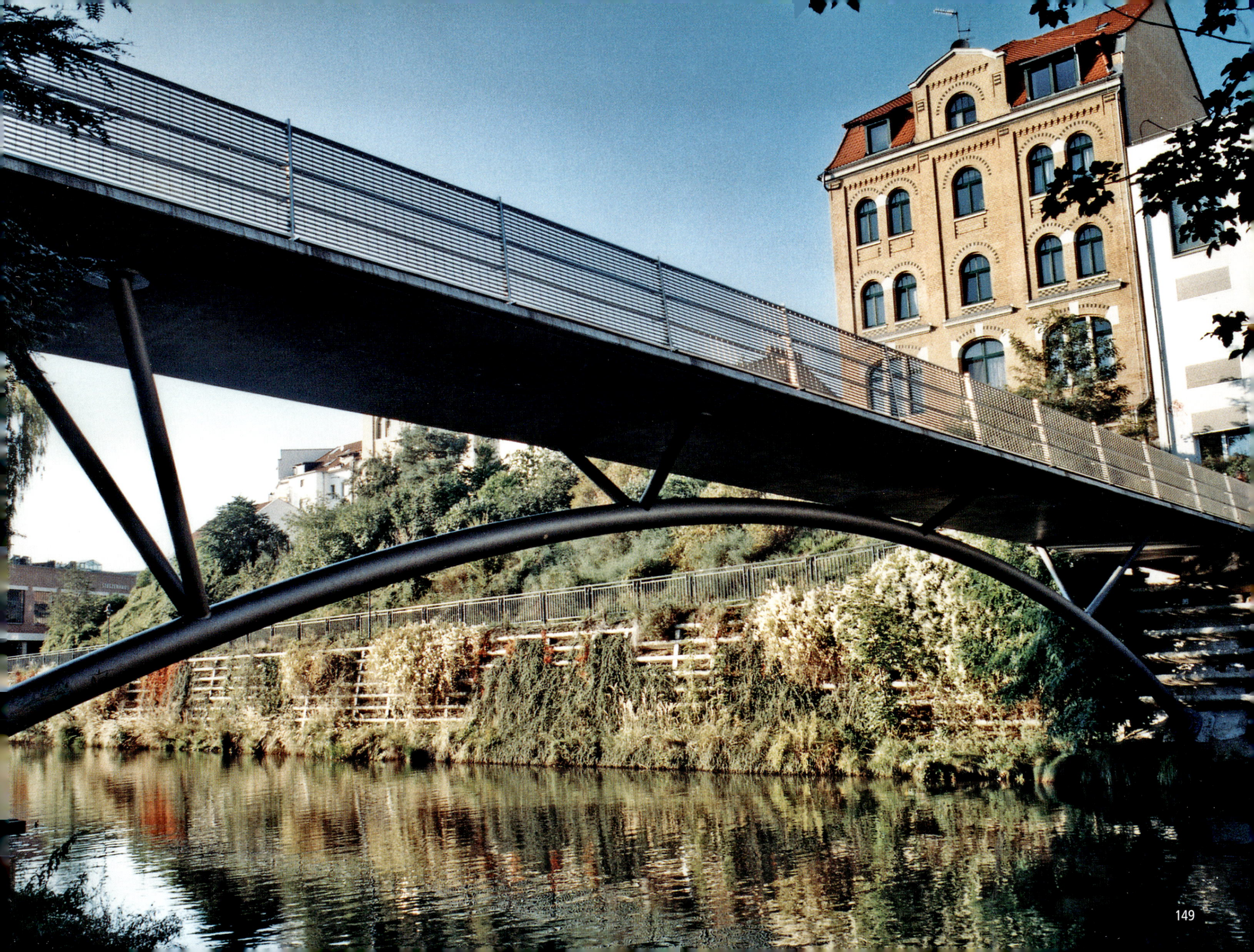

68 Talbrücke Wilde Gera

Mit einer Stützweite von 252 m ist die Talbrücke über die Wilde Gera östlich von Oberhof im Verlauf der Thüringer-Wald-Autobahn A 71 seit 2001 Deutschlands weitestgespannte Bogenbrücke. Im tief eingeschnittenen Tal des Gebirgsflüsschens verläuft auch die eingleisige Bahnstrecke von Arnstadt nach Zella-Mehlis und die Landesstraße L 2149 von Gräfenroda nach Gehlberg, die nicht nur als Hauptzufahrtsstraße für den Materialtransport diente, sondern auch täglich und besonders an Wochenenden von vielen Schaulustigen bevölkert wurde. Und der Bau dieser 110 m hohen Bogenbrücke war tatsächlich ein faszinierendes Ereignis. Denn die Brücke wurde ohne jegliche Gerüste gleichzeitig von beiden Seiten aus im sog. Freivorbau in Abschnitten von sechs Meter Länge hergestellt, wobei man die beiden Schalwagen jeweils mittels Seilen über die beiden Kämpferpfeiler im Felsen der rückwärtigen Talhänge abspannte. Für die Versorgung mit Beton wurden auf den beiden Bogenhälften an den Stellen der später hergestellten Bogenpfeiler vier Turmdrehkräne aufgestellt, die den Beton aus Transportfahrzeugen von der Landesstraße aus mit Kübeln nach oben zu den Einbaustellen beförderten. Der mächtige 10,30 m breite Bogen ist aus Gewichtsgründen nicht massiv, sondern besteht aus zwei rechteckigen Zellen, die über Treppen für das Unterhaltungspersonal begehbar sind. Der eigentliche Fahrbahnträger für die beiden Richtungsfahrbahnen besteht aus einem trapezförmigen stählernen Trog, der unten nur 7,60 m breit ist und auf gesamter Länge von 552 m vom Widerlager aus eingeschoben wurde. Die anschließend hergestellte Stahlbeton-Fahrbahnplatte kragt beiderseits 8,15 m weit aus und wird durch schräge Stahlstreben gestützt.

Leider hat der Verkehrsteilnehmer nicht die Möglichkeit, dieses eindrucksvolle Bauwerk auf der Fahrt durch den Thüringer Wald zu bestaunen. Aus Richtung Erfurt kommend überquert er nach Verlassen des Tunnels Alte Burg zunächst die Schwarzbach-Talbrücke, um dann nach wenigen Sekunden über die Wilde Gera in den fast acht Kilometer langen Rennsteigtunnel einzufahren. Die Talbrücke über die Wilde Gera bleibt für ihn also nur eine Schönheit im Verborgenen. Dagegen können die Autofahrer auf der Landesstraße die imposante Brücke von unten in ganzer Größe bewundern, wenn auch nur von einigen wenigen Standorten aus.

Als besondere Ingenieurleistung wurde die Brücke 2006 mit dem Deutschen Brückenbaupreis gewürdigt.

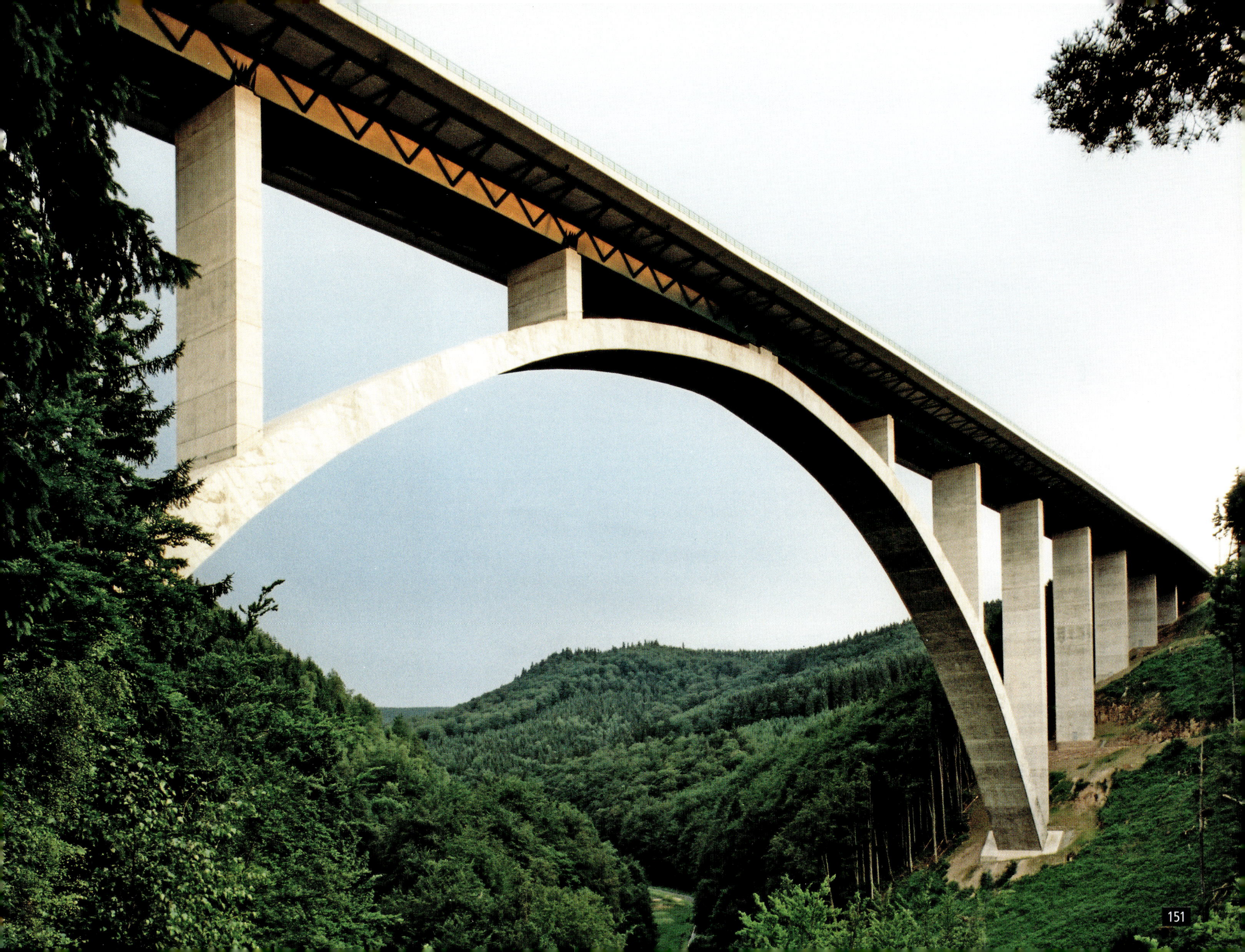

DER BRÜCKENBAU AB 1945

69 Überführungen über die A 71 zwischen Erfurt und Sömmerda

Vielfältige Möglichkeiten stehen dem entwerfenden Brückenbauingenieur zur Verfügung, wenn er für Straßen und Wege, die über eine Autobahn überführt werden müssen, die Brückenbauwerke planen soll. Er hat, abhängig von den örtlichen Baugrund- und Geländeverhältnissen, die Wahl zwischen verschiedenen Baustoffen und Konstruktionsformen. Die in den 30er Jahren zu Zeiten des Reichsautobahnbaus üblichen Brücken aus Stahlbeton hatten zwei oder auch vier Felder und besaßen im Mittelstreifen bzw. an den Fahrbahnrändern einen Pfeiler. Die massigen Widerlager standen ziemlich dicht neben der Fahrbahn. Solche Brücken wirkten schwer und wie eine Barriere. Man hatte das Gefühl, durch einen offenen Kasten zu fahren.

Heute bemüht man sich, die Überführungsbauwerke möglichst leichtwirkend und transparent zu entwerfen, die Abmessungen schlank zu halten und die Widerlager weit zurückgesetzt in den Böschungen „zu verstecken", um große Betonflächen zu vermeiden. Um die torartige Wirkung noch weiter zu verringern, werden oft auch einfeldrige Lösungen gewählt, bei denen der Pfeiler im Mittelstreifen entfällt.

Über einige schöne Beispiele kann sich der Verkehrsteilnehmer erfreuen, wenn er im Raum Erfurt die neue Bundesautobahn A 71 befährt. Es sind sehr flache bogenförmige Rahmen aus Spannbeton und in Stahlverbundbauweise, sowie sehr schlanke stählerne Bögen, deren leuchtend roter Farbanstrich die Eleganz dieser Bauwerke noch betont.

153

DER BRÜCKENBAU AB 1945

70 Überführung des Rennsteigs bei Oberhof

Wenn man auf der Bundesstraße B 247 von Gotha nach Zella-Mehlis fährt, kreuzt man auf der Passhöhe bei Oberhof 826 m ü. NN am Rondell Deutschlands berühmten Wanderweg, den Rennsteig. Seit 2002 steht dort eine sehr schlanke und elegante Fußgängerbrücke, über die der Wanderer nun ungefährdet die schnell befahrene Straße überqueren kann.

Das im Grund- und Aufriss gekrümmte rahmenartige Bauwerk besteht aus einem ungewöhnlich flachen Kastenträger, der 36,50 m weit gespannt, im Scheitel der Hauptöffnung nur 50 cm hoch und auf jeder Seite durch drei geneigte rohrförmige Stiele gestützt ist, die mittels Stahlgussknoten in die Fundamente eingespannt sind; eine Meisterleistung der Entwurfs- und Stahlbauingenieure.

Unmittelbar neben der Brücke steht ein alter Obelisk, der an den Bau der Straße von 1830 bis 1832 erinnert. Leiter dieses Bauvorhabens war der Militärtopograph im Herzogtum Sachsen-Coburg-Gotha, Julius von Plaenkner, der übrigens 1829 erstmals den 169 km langen Rennsteig erwanderte und seinen Verlauf beschrieb.

Vier gusseiserne Tafeln schmücken das 164 Jahre alte Denkmal. Auf der 1. Tafel sind die Namen der beteiligten Beamten und Ingenieure und der Entwurfsverfasser des Obelisken verewigt. Auf der 2. Tafel steht als Distichon: „Wie sich die Straße so sicher und leicht zu den Höhen hinaufschwingt, Länder mit Ländern verknüpft, Handel und Künste belebt." Die 3. Tafel ist dem Erbauer der Straße, dem Herzog von Sachsen gewidmet, und die 4. Tafel, wiederum als Distichon, verkündet stolz: „Heil dem schaffenden Sinn, der zum freundlichen Garten die Wildnis umschuf, und der Natur Schrecken in Lieblichkeit kehrt". Und unterhalb der Spitze des Obelisken sind noch die Wappen von Sachsen, Henneberg und Preußen angebracht. So viel Ehre wird einer neu gebauten Straße heute wohl kaum noch zuteil.

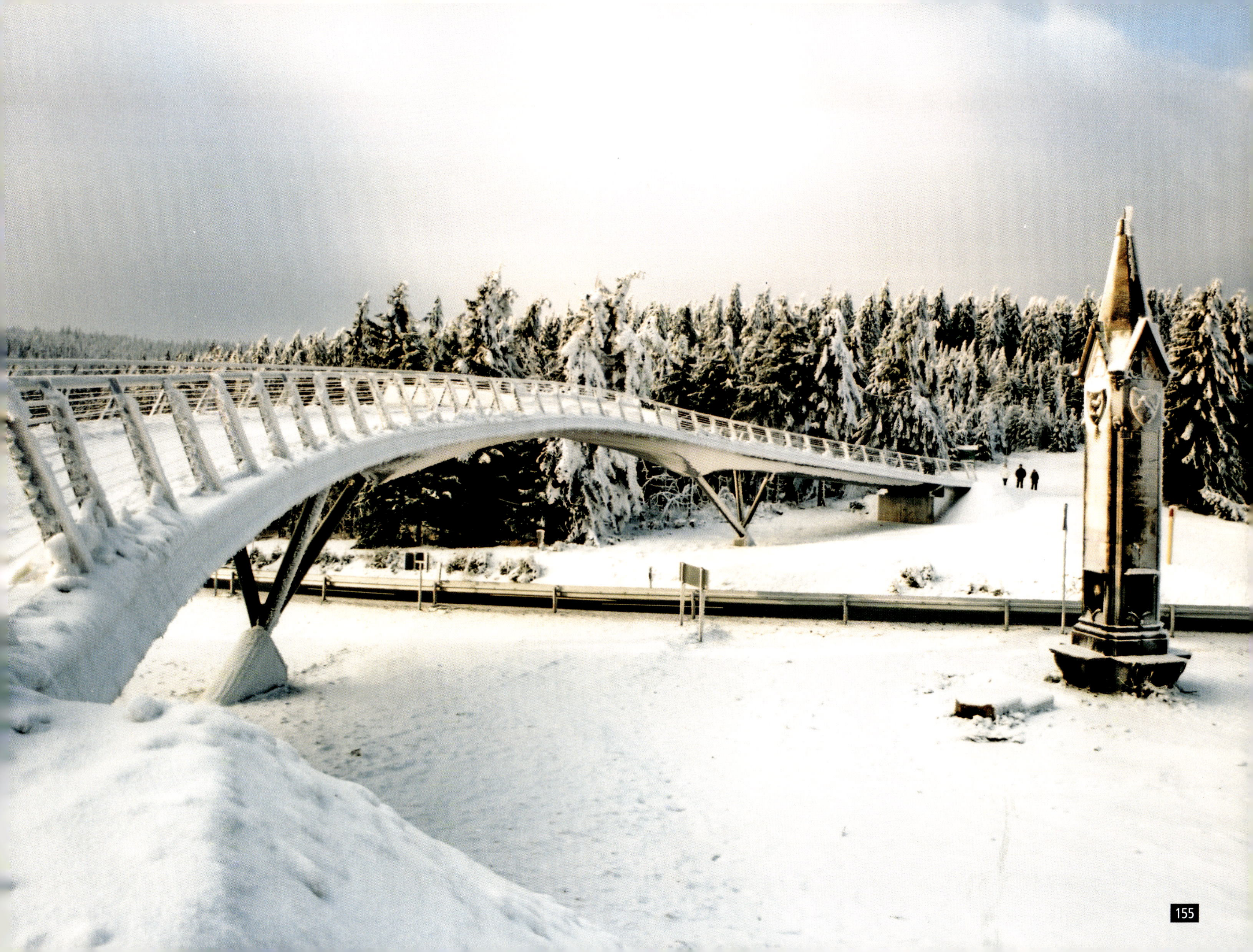

71 Talbrücke Münchingen/Korntal

Etwa zehn Kilometer nördlich von Stuttgart überquert im Verlauf der neuen Ortsumgehung von Korntal und Münchingen der Landesstraße L 1141 eine rd. 302 m lange Brücke ein flaches Tal, das zum Naherholungsgebiet beider Gemeinden gehört. Um die Beeinträchtigungen durch die neue Straße in Grenzen zu halten, hat man für den Überbau eine sehr leicht wirkende Konstruktion gewählt, nämlich ein Fachwerk aus Stahlrohren mit einer oben liegenden fest verbundenen Stahlbeton-Fahrbahnplatte. Im Querschnitt besteht das Fachwerk aus einem unteren Rohr von rd. 46 cm Durchmesser und schräg nach oben verlaufenden und in die Fahrbahnplatte einbindenden Rohren von rd. 27 cm Durchmesser, die in der Brückenansicht Diagonalen bilden. Der Überbau-Querschnitt ist also ein Dreieck mit einer Höhe von 3,13 m.

Da die Brücke im Bogen liegt, hat man auf sonst übliche Lager zur Aufnahme temperaturbedingter Bewegungen verzichten können und den Überbau nur mittels so genannter „Betongelenke" mit den Pfeilerscheiben verbunden. Die Stützweiten reichen von rd. 23 bis 42 m. Das erste Feld auf der Westseite und die letzten drei auf der Ostseite bestehen allerdings aus einer 1,50 m dicken Stahlbetonplatte, die übrigen fünf aus dem Rohrfachwerk.

Die im Jahre 2002 fertig gestellte kleine aber feine Talbrücke, die nur bis zu 13 m über dem Gelände liegt, wirkt durch ihren „aufgelösten" Überbau mit den in der Ansicht nur 75 cm dicken Pfeilerscheiben ungewöhnlich durchsichtig und leicht. Sie ist eine erfreuliche Bereicherung der Vielfalt im deutschen Brückenbau des begonnenen 21. Jahrhunderts.

157

DER BRÜCKENBAU AB 1945

72 Flughafenbrücke Düsseldorf

Eine bautechnische und gestalterische Besonderheit ist die neue Schrägseilbrücke über den Rhein zwischen dem Flughafen Düsseldorf-Lohausen und den linksrheinischen Gemeinden Meerbusch und Ilverich, die so genannte Flughafenbrücke. Zwei auf der Spitze stehende Dreiecke bilden die Pylone und geben der Brücke damit ihr unverwechselbares Aussehen. Die ungewöhnliche und eindrucksvolle Form der Pylone ergab sich aus der Forderung, ihre Höhe aus Gründen der Flugsicherheit für den benachbarten Flughafen auf 81 m über NN zu begrenzen. Damit die aus statischen Gründen erforderliche Neigung der Seile von 1 : 3 bei gleicher Pylonhöhe nicht flacher wird, beginnen sie nicht, wie sonst üblich, senkrecht über den beiden Pylonpfeilern, sondern an den Köpfen der geneigten Pylonstiele; eine geniale Idee der Brückenbauingenieure.

Mit jeweils 20 hochfesten Stahlseilen von bis zu 115 mm Durchmesser wird die Strombrücke aus Stahl getragen. Sowohl die beiden Pylonstiele als auch der rd. 35 m lange Querriegel sind begehbar, damit die Seilverankerungen jederzeit geprüft werden können.

Die Stromöffnung über dem Rhein ist 287 m lang und besteht aus einem 38,50 m breiten stählernen Überbau, der sechs Fahrstreifen der Bundesautobahn A 44, zwei Standstreifen und beiderseitige Geh- und Radwege trägt. Die rechtsrheinisch 558 m lange und linksrheinisch 441 m lange Vorlandbrücke sind aus Spannbeton und im Bereich der Pylone mit der stählernen Strombrücke „biegesteif" verbunden.

Nach dreijähriger Bauzeit wurde die Rheinbrücke am 11. 9. 2001 mit einem großen Volksfest eingeweiht.

159

DER BRÜCKENBAU AB 1945

73 Talbrücke Albrechtsgraben bei Suhl

Die erste große Brücke westlich des Autobahndreiecks Suhl, dem Abzweig der A 73 von der A 71 Erfurt – Schweinfurt auf der Fahrt Richtung Meiningen, führt über den Albrechtsgraben und die Landesstraße L 2630, die von der Straße im Tal der Hasel nach Suhl-Albrechts abzweigt. Es ist ein schönes Tal mit dicht bewaldeten Hängen, das von der 770 m langen Brücke mit einem 80 m hohen und rd. 157 m weit gespannten Stahlbetonbogen überquert wird. Der sehr schlanke Bogen, der die Form einer quadratischen Parabel hat, ist an den Kämpfern 3,25 m und im Scheitel nur 2,00 m hoch, besteht aus einem zweizelligen über Treppen im Inneren begehbaren Kasten und hat eine Breite von 8,80 m. Der einteilige Überbau ist ein stählerner 4,50 m hoher Kasten mit nach außen geneigten Stegen und einer beidseitig auskragenden 28,50 m breiten Stahlbeton-Fahrbahnplatte, die mit dem Stahlkasten fest verbunden ist und durch Schrägstreben gestützt wird. Der Überbau wird im Bogenbereich etwa in den Viertelpunkten durch zwei kleine Pfeiler und das Auflager im Scheitel gestützt, außerhalb des dominierenden Bogentragwerks durch schlichte rechteckige Pfeiler in Abständen von 45 bis 70 m. Und wie wurde diese eindrucksvolle Brücke gebaut? Der Bogen entstand abschnittsweise von beiden Kämpfern aus auf einem stählernen Gerüst, die hohlen Pfeiler mittels einer hochziehbaren „Kletterschalung" und der stählerne Überbau durch Zusammenbauen und Verschweißen seiner Einzelteile hinter beiden Widerlagern und Einschieben über die Pfeiler. Und für die Fahrbahnplatte wurden zwei verfahrbare Gerüste mit angehängter Schalung verwendet. So scheinbar einfach ist der Brückenbau! Doch welcher geistige und körperliche Aufwand aller Beteiligten von der Planung bis zur Fertigstellung für ein so großes Ingenieurbauwerk erforderlich ist, kann der Laie allenfalls nur erahnen. Nach einer Bauzeit von 33 Monaten ist die gestalterisch wohlgeformte und handwerklich gelungene Talbrücke im Jahre 2002 fertig gestellt worden.

161

74 Reichenbachtalbrücke bei Geraberg

Nicht nur ihrer roten Farbe wegen ist die Reichenbachtalbrücke zwischen Geraberg und Martinroda nordwestlich von Ilmenau ein leuchtendes Beispiel moderner deutscher Brückenbaukunst. Sie hat auch gestalterisch und hinsichtlich ihrer Konstruktion einiges zu bieten, wie im Übrigen auch andere Brücken der nagelneuen Thüringer Wald-Autobahn A 71 zwischen Erfurt und Meiningen. Die haargenau 1000 m lange Brücke hat einen so genannten einteiligen Überbau in Stahlverbundbauweise. Anders als bei den Autobahnbrücken sonst üblich, bei denen nämlich für jede Richtungsfahrbahn zwei voneinander getrennte und parallel zueinander stehende Brücken gebaut werden, haben die besonders großen Brücken der A 71 erstmals für beide Fahrtrichtungen einen gemeinsamen Überbau, dessen trapezförmiger stählerner Trog mit einer aufliegenden, fest verbundenen und beiderseits rd. 10 m weit auskragenden Stahlbeton-Fahrbahnplatte beide Richtungsfahrbahnen aufnimmt. Gestützt wird die Fahrbahnplatte durch schräg angeordnete Rohre, die an den unteren Trogkanten befestigt sind. Der nur 8,50 m breite Trog ist nur 3,70 m hoch, im Bereich der Vouten über den Pfeilern allerdings 6,50 m.

Hergestellt wurde der Überbau im Bereich der jeweils vier ersten Felder durch Einschieben der hinter den Widerlagern vormontierten Trogabschnitte. Auf den mittleren vier Pfeilern mit einer Höhe von bis zu 60 m über dem Talgrund sind dann zunächst kurze Trogabschnitte mit einem beeindruckenden, auf Raupen fahrenden 800-Tonnen-Kran aufgesetzt und befestigt worden. Die Mittelteile wurden dann vom Boden aus mit vier Stahlseilen hochgezogen und mit den Abschnitten auf den Pfeilern verbunden. Eine technische Meisterleistung, die Seltenheitswert hat! Die im Jahre 2002 fertig gestellte Reichenbachtalbrücke ist ein überaus ästhetisches Bauwerk. Die harmonisch abgestimmten Stützweiten, die schlanken und sich nach oben verjüngenden Pfeiler mit ihrer markanten Kopfausbildung und die leicht geschwungene Unterkante des schmalen und leuchtend roten Trägers ergeben ein Brückenbauwerk, wie man es schöner nicht entwerfen und bauen kann.

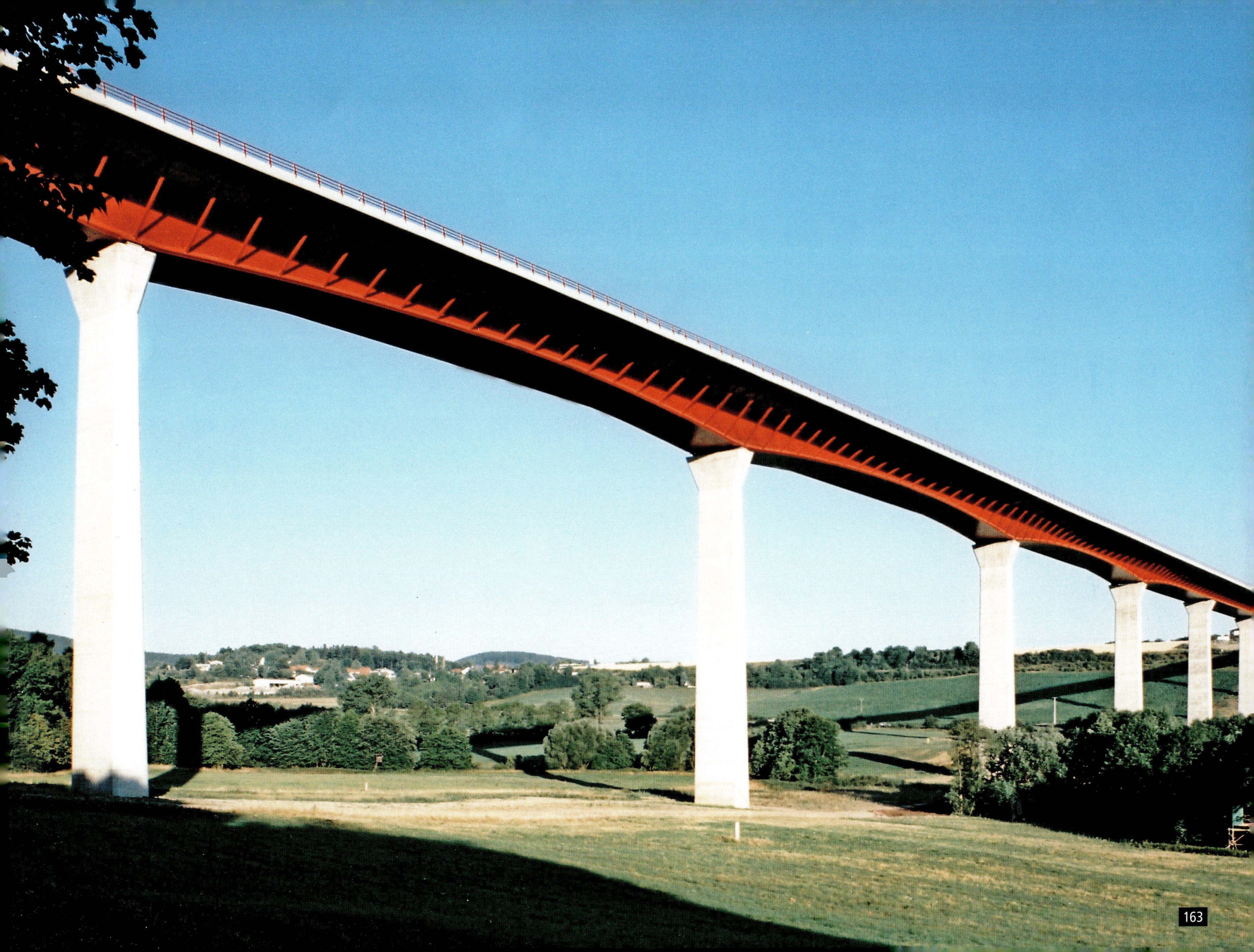

75 Schwentinebrücke Preetz

Preetz, eine Kleinstadt von rd. 15.000 Einwohnern südöstlich von Kiel, hat im Jahre 2004 ihre lang ersehnte Ortsumgehung im Verlauf der verlegten Bundesstraße B 76 erhalten. Attraktion der neuen Straße ist die 296 m lange Brücke über das landschaftlich reizvolle Tal der Schwentine, die aus dem Großen Plöner See kommt und in Kiel in die Ostsee mündet.

Der Bedeutung des Landschaftsschutzgebietes Schwentinetal entsprechend wurde für die Brücke nördlich von Preetz eine besonders schöne Lösung gewählt, nämlich ein neunfeldriges Stahlverbundbauwerk mit einem mittleren flachen Bogen von 52 m Stützweite über dem Fluss und je einem Halbbogen in den beiden benachbarten 42 m weit gespannten Feldern. Der Bogen und die beiden Halbbögen aus schlanken stählernen Kästen gehen jeweils im Scheitelbereich in die beiden ebenfalls kastenförmigen Längsträger, die über die gesamte Bauwerkslänge durchlaufen, gewissermaßen verschmelzend über. Damit erhält der Überbau über den beiden Flusspfeilern eine „aufgelöste" Voute, die der im Grundriss leicht S-förmig geschwungenen Brücke ein sehr leichtes und „schwebendes" Aussehen verleiht, wodurch die Brücke in überzeugender Weise mit der Landschaft harmoniert. Unterstrichen wird diese Wirkung noch durch die gedeckte grüne Farbe der Stahlkonstruktion und das Weiß für den Handlauf und die Pfosten der Geländer. Zwischen den Geländerpfosten sind Acrylglasscheiben angebracht, die einen ungehinderten Blick auf das schöne Tal der Schwentine ermöglichen.

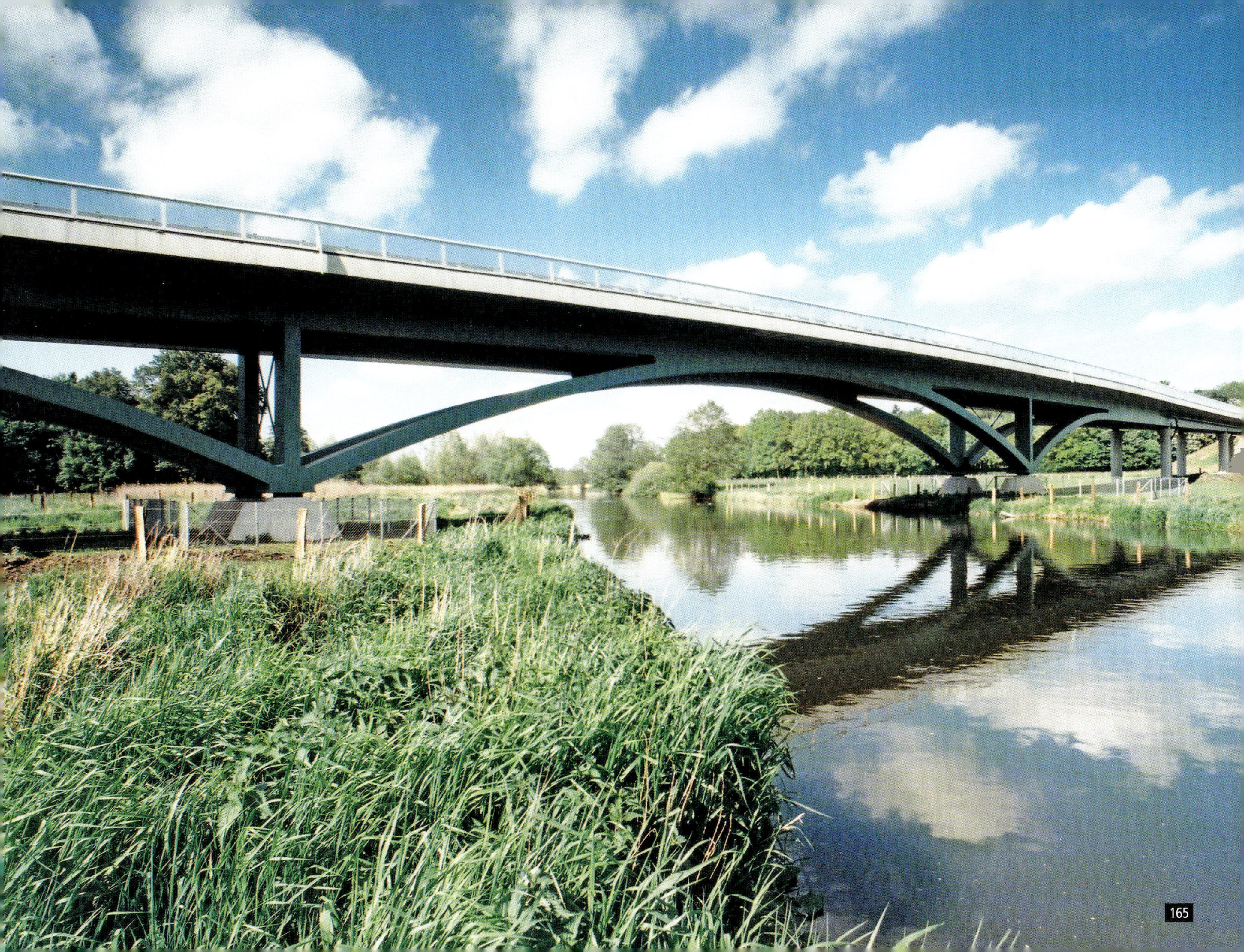

166 BRÜCKEN IN DEUTSCHLAND FÜR STRASSEN UND WEGE

6
KÜNSTLERISCHE AUSGESTALTUNG VON BRÜCKEN

Gut ausgestaltete Brücken erhalten ihren ästhetischen Reiz vor allem dadurch, dass eine an die örtliche Situation angepasste Lösung gefunden wird und die Proportionen des Bauwerkes in einem harmonischen Verhältnis stehen. Weitere „Beigaben" sind in der Regel nicht notwendig und wirken oftmals eher aufgesetzt und störend.

Dies wurde jedoch in früheren Zeiten durchaus anders gesehen und Bauherrn, Baumeister, Architekten und Künstler haben auch Wert darauf gelegt, eine Brücke nicht nur als Zweckbauwerk zu errichten und zu gestalten, also zur möglichst bequemen, schnellen und sicheren Überquerung eines Hindernisses, sondern durch mehr oder weniger reichhaltige Ausstattungen auch zu einem künstlerischen Erlebnis werden zu lassen und zum Betrachten und Verweilen einzuladen. Am überzeugendsten kann man das, trotz der schweren Zerstörungen im 2. Weltkrieg, auch heute noch in unseren großen Städten wie z. B. Berlin, Hamburg, Dresden und München sehen. Der Baustil dieser Brücken ist dem der umgebenden Gebäude angepasst und bildet mit diesen ein gestalterisches Ensemble. Sie sind damit selbstverständlicher und vertrauter Bestandteil des täglichen Umfeldes der Menschen, die in ihrer Stadt wohnen und arbeiten, und damit ein wichtiger Teil der Baukultur.

Es ist sicher einleuchtend, dass der Aufwand, mit dem noch bis Anfang des 20. Jahrhunderts Brücken künstlerisch ausgestattet wurden, heute weder finanziell vertretbar wäre noch dem Baustil unserer Zeit entsprechen würde. Der Brückenbau in Deutschland ist nach dem 2. Weltkrieg ab etwa der 60er Jahre wegen des enormen Bedarfs an neuen und auszubauenden Straßen zu einer „Massenproduktion" geworden. Selbstverständlich bestand auch damals die Forderung nach guter Gestaltung, aber für zeit- und kostenaufwendige Überlegungen über besondere Ausstattungen gab es nur noch selten Möglichkeiten. Die Brücken unserer Zeit sind deshalb sehr viel nüchterner, und die meisten von ihnen leider eben doch nur reine Zweckbauten.

Die abschließenden Beispiele zeigen, wie Brücken aus früheren Zeiten auf unterschiedlichste Art ausgestattet wurden, z. B. mit Heiligenfiguren, Gedenktafeln über Erbauung, Zerstörung und Wiederaufbau einer Brücke, wunderschön gestaltete Brüstungen und Geländer, interessante Beleuchtungskörper und künstlerische Plastiken auf oder neben den Brücken. Auch farbliche Gestaltung von Geländern und Überbauten moderner Beton- und Stahlbrücken gehören zu den Mitteln, einer Brücke ein ansprechendes Aussehen zu verleihen.

Bei der Gestaltung und Ausgestaltung einer Brücke in einer Stadt in bebautem Umfeld sind verständlicherweise höhere Anforderungen und Maßstäbe anzulegen, als bei einer großen Autobahnbrücke in freier Landschaft. Während die Erstere ständig im Blickfeld der Menschen steht und von ihnen oft genutzt wird, entzieht sich eine Autobahnbrücke fast immer den Blicken der Verkehrsteilnehmer. Sie wird schnell überfahren und ist für Fußgänger nur selten benutzbar. Die Gestaltung einer großen Autobahnbrücke wird daher in der Regel mehr von ihrer ästhetischen Fernwirkung bestimmt, während vor allem innerstädtische Brücken eine große Nahwirkung im täglichen Umfeld haben, bei denen eine künstlerische Ausgestaltung überhaupt erst zur Geltung kommt. Der Bildband zeigt hierfür hervorragende Beispiele.

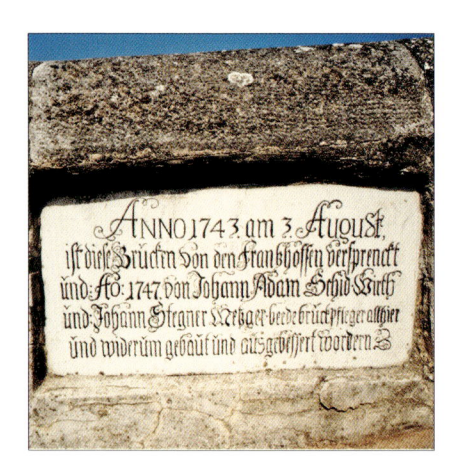

KÜNSTLERISCHE AUSGESTALTUNG

Gedenktafel
Oft künden auch Schrifttafeln von Schicksalsschlägen, die den alten und für die Menschen damaliger Zeit so wichtigen Brücken widerfahren sind. An der Wörnitzbrücke in Ebermergen ist für die Nachwelt festgehalten, dass französische Truppen 1743 das Bauwerk gesprengt haben, dass aber der Wiederaufbau durch einen Wirt und einen Metzger, beides – man staune – „Brückenpfleger" der Gemeinde, im Jahre 1747 vollendet wurde.

Gedenktafel
Als die Pfalz noch zu Bayern gehörte, nämlich von 1816 bis 1945, wurde 1889 die Nahebrücke in Oberhausen gebaut, die seinerzeit Grenzbrücke zwischen Bayern und Preußen war. Dem amtierenden Prinzregenten und Bauherrn Luitpold von Bayern zur Ehre wurde sie Luitpoldbrücke genannt, wie eine barocke Gedenktafel an der Innenseite der Brüstung zeigt, bewacht von einem mächtigen Löwen, dem Wappentier der Wittelsbacher.

Gedenktafel
Zwischen Döllbach und Altenhof südlich von Fulda steht an der kleinen steinernen Brücke der B 27 über den Schluppbach ein aus Sandstein gefertigter Johann von Nepomuk. Auf seinem Sockel befindet sich diese Inschrift aus dem Jahre 1760, die sich zu damaliger Zeit verständlicherweise nur an vorbeiziehende Wanders- und Fuhrleute richtete.

Plastik
Zahlreiche Plastiken kann der aufmerksame Betrachter der Steinernen Brücke in Regensburg entdecken. Am auffälligsten ist das sogen. Brückenmandel von 1854, das auf einer Säule und auf der Brüstung etwa in Brückenmitte sitzt und zum Dom hinüberschaut. Die Sage um dieses Brückenmännchen handelt von dem Wettstreit zwischen Dom- und Brückenbaumeister, wer zuerst sein Bauwerk vollenden würde. Der Erbauer der Brücke gewann die Wette, aber nur mit Hilfe des Teufels.

Gedenktafel
Im Jahre 1741 ist, so die Inschrift auf dem Kalksteinsockel an der Tauberbrücke in Distelhausen, ein Jörg Franz Dihm im Mühlkanal der Tauber ertrunken. Zur Ehre Gottes haben vermutlich seine Hinterbliebenen und Freunde das darüber befindliche Kruzifix aufgestellt.

Plastik
An der Nahtstelle zwischen der bischöflichen Altstadt und der gräflichen Neustadt stehen mitten auf der Hamburger Trostbrücke die prächtigen Standbilder der beiden Stadtgründer: Benediktinermönch Ansgar und Graf Adolf III. zu Schauenburg. Das Bild zeigt den später heiliggesprochenen Bischof Ansgar.

KÜNSTLERISCHE AUSGESTALTUNG

Plastik
Eine besonders schöne und ungewöhnlich gut erhaltene Steinplastik des Heiligen Johannes von Nepomuk aus dem Jahre 1744 ziert die Brücke der Staatsstraße St 2430 über die Fränkische Saale in Aschach nördlich von Bad Kissingen.

Plastik
In der Barockzeit wurden auf den Kanzeln über den mächtigen Pfeilern der Alten Mainbrücke in Würzburg zwölf überlebensgroße Figuren aufgestellt, ein Brückenschmuck, der in Deutschland einmalig ist.

St. Fredericus

Plastik
Wenn man von der Stadt in Richtung Festung Marienburg geht, stehen auf der linken Seite: St. Totnan, St. Kilianus, Pater Franconia, St. Colonatus, St. Burkardus und St. Bruno. Auf der rechten Seite gegenüber: Pipinus, St. Fredericus, St. Josephus, St. Johann von Nepomuk, St. Carolus Borromäus und Carolus Magnus. Diese beeindruckenden Persönlichkeiten gelten seither als "Steinerne Versicherung" eines jeden frommen Brückengängers.
Das Bild hier zeigt den Heiligen Joseph.

Plastik
Vier lebensgroße Sandsteinplastiken schmücken die Johannisbrücke über die Fulda bei Kohlhaus. Sie stehen auf gedrungenen und geschweiften Sockeln, auf denen sich jeweils eine Inschriftentafel befindet. Eine der Figuren ist der Heilige Bonifatius, Apostel Deutschlands, Bekehrer und kirchlicher Organisator Hessens und Thüringens. Die Übersetzung der lateinischen Inschrift lautet: „Bonifatius, schütze uns, befreie uns von den Feindseligkeiten. Fürsprecher, lass uns schauen des Friedens heilige Freuden". Offensichtlich zeitlose Wünsche!

Carolus Magnus

Carolus Borromäus

169

KÜNSTLERISCHE AUSGESTALTUNG

Plastik
Über den Pfeilern der Moltkebrücke in Berlin-Tiergarten sind beiderseits auf reich verzierten Sockeln aus rotem Main-Sandstein Kandelaber angebracht, an deren unteren Enden Kinderfiguren in Kriegstracht stehen. Die Brücke wurde zu einer Zeit gebaut, als es nach dem römischen Dichter Horaz noch „süß und ehrenvoll war, für das Vaterland zu sterben". Offenbar auch für Kinder.

Plastik
Moltkebrücke Berlin

Plastik
Auf den Postamenten an den Brüstungsenden der Moabiter Brücke über die Spree in Berlin-Tiergarten stehen seit 1981 vier moderne Nachbildungen des Berliner Wappentiers aus Gusseisen. Ihre Vorgänger aus Bronze wurden im 2. Weltkrieg eingeschmolzen.

Plastik
Diese großartige Plastik der Maria mit dem Kinde wurde an der Isarbrücke bei Wolfratshausen aufgestellt. Die moderne „körperliche" Darstellung führte seinerzeit allerdings zu heftigen Protesten konservativer Katholiken.

Lampe
Auf den ausgerundeten, niedrigen Pfeilervorköpfen der Heiligengeistbrücke in Hamburg befinden sich vier reich verzierte säulenartige Sockel, auf denen ab Brüstungsunterkante außen kunstvoll geschmiedete Kandelaber mit fünf kugelförmigen Leuchten aufgesetzt sind, die an Schönheit ihresgleichen suchen.

Lampe
Auf der Moabiter Brücke über die Spree in Berlin stehen acht dieser schönen Kandelaber mit ihren drei Laternenleuchten.

KÜNSTLERISCHE AUSGESTALTUNG

Lampe
Vier Obelisken aus Sandstein schmücken die Pförtchenbrücke über den Gera-Umflutgraben in Erfurt. Sie tragen je zwei inzwischen „elektrifizierte" Gaslaternen an schön verzierten Kandelaberarmen, das Erfurter Stadtwappen und zwei Löwenköpfe.

Lampe
Über den drei Pfeilern der Moltkebrücke über die Spree in Berlin sind beiderseits auf reich verzierten hohen Sandsteinsockeln acht Kandelaber mit Laternenleuchten und drei Kinderfiguren in Kriegstracht aufgestellt. Im 2. Weltkrieg wurden die Kandelaber und Figuren eingeschmolzen, 1986 aber nach alten Fotos wieder in Bronze gegossen.

Lampe
Schlicht und formschön sind die Kandelaber mit ihren vier rechtwinklig zueinander aufgehängten Lampen, die auf der Gudestorbrücke in Uelzen zu betrachten sind.

Lampe
In Kiel-Raisdorf wird mit dieser modernen Spannbetonbrücke ein Geh- und Radweg über die B 76 geführt. Die dazu passenden „knallroten" Lampen sind ein Blickfang auch für den Autofahrer.

Geländer
Das wunderschöne gusseiserne Geländer der alten Graskellerbrücke von 1839 in Hamburg wurde in den 1970er Jahren restauriert und nahe der Zollenbrücke aufgestellt.

Geländer
Dieses schwere gusseiserne Geländer schmückt die Bleichenbrücke über das Bleichenfleet in Hamburg.

KÜNSTLERISCHE AUSGESTALTUNG

Brüstung
Vertrauen erweckend stabil ist diese wunderschöne aufgelöste Brüstung aus rötlichem Main-Sandstein auf der Moltkebrücke von 1891 über die Spree in Berlin-Tiergarten.

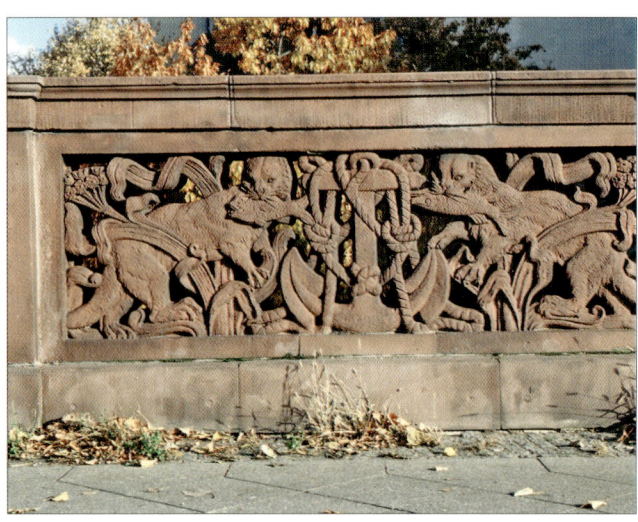

Brüstung
Diese großartige Brüstung aus rötlichem Sandstein steht auf der neuen Lessingbrücke von 1983 über die Spree in Berlin, die der Vorgängerbrücke von 1903 weitgehend nachempfunden ist.

Geländer
Weniger wegen der leuchtend roten Farbe, als vielmehr durch seine großartige Form begeistert dieses alte schmiedeeiserne Geländer auf der Lutherbrücke von 1892 über die Spree in Berlin.

Geländer
Vor 117 Jahren wurde dieses wunderschöne Geländer für die Hirschbrücke in Karlsruhe angefertigt.

Geländer
Aus Eisenguss ist das schöne alte Stabgeländer auf der 2. Schlossbrücke über die Leine in Hannover.

Geländer
Ein wunderschönes schmiedeeisernes Geländer aus dem Jahre 1900 schmückt die beiden zierlichen Gehwegbrücken Luisen- und Mariensteg über die Dreisam in Freiburg i. Breisgau.

KÜNSTLERISCHE AUSGESTALTUNG

Geländer
Dieses mit Doppelpfosten und einem rohrförmigen Handlauf ausgebildete schlichte Füllstabgeländer in weinroter Farbe steht auf der Lindenhofbrücke der B 7 über die Hörsel in Eisenach.

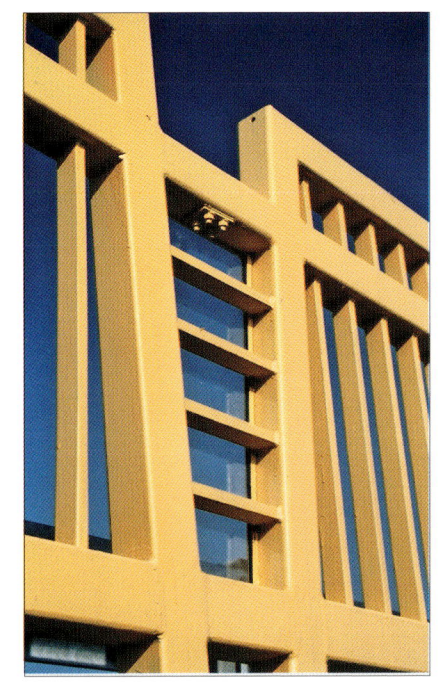

Geländer
In einem kräftigen Ockergelb ist dieses moderne Füllstabgeländer gehalten.

Geländer
Ausschließlich Rohre mit verschiedenen Durchmessern wurden für das leuchtend blaue moderne Füllstabgeländer der Emsbrücke in Greven verwendet.

Geländer
Auf den Brücken der Bundesautobahn A 71 zwischen Erfurt und dem Thüringer Wald stehen diese Geländer in unterschiedlichen Farben.

Geländer
Wie Wegweiser für den schnellen Autobahnverkehr wirken diese drei leuchtend roten Stahlbleche in den Geländern der Wirtschaftswegbrücke über die A 650 bei Oggersheim in der Pfalz.

Geländer
Sehr durchsichtig ist das schön geformte moderne Geländer auf der Brücke der B 110 über die A 20 an der Anschlussstelle Jarmen.

173

KARTE MIT VERZEICHNIS UND BAUJAHR DER ABGEBILDETEN BRÜCKEN

STEINBRÜCKEN

1. Römerbrücke Trier (1190–1490)
2. Werrabrücke Creuzburg (1223)
3. Krämerbrücke Erfurt (1325)
4. Alte Mainbrücke Würzburg (1476–1703)
5. Sternbrücke Weimar (1652)
6. Alte Neckarbrücke Heidelberg (1788)
7. Alte Elbebrücke Pirna (1875)
8. Saalebrücke Bad Kösen (1893)
9. Oberbaumbrücke Berlin (1896)
10. Saalebrücke Rudolphstein (1936/1995)
11. Westerwälder Tor bei Aegidienberg (1938)
12. Talbrücke Wommen (1940/1999)

BRÜCKEN BIS 1945

13. Eiserne Brücke im Park zu Wörlitz (1791)
14. Hohe Brücke Berlin-Charlottenburg (1802)
15. Löwenbrücke Berlin-Tiergarten (1838)
16. Rheinbrücke Bad Säckingen (1843)
17. Rheinbrücke Mainz-Kastel (1885)
18. Brücke über den Ryck in Greifswald-Wieck (1887)
19. Neue Elbbrücke Hamburg (1888/1929/1960)
20. Hackerbrücke München (1892)
21. Elbebrücke „Blaues Wunder" in Dresden (1893)
22. Argenbrücke Langenargen (1898)
23. Havelarmbrücke Zehdenick (Kamelbrücke) (1898)
24. Glienicker Brücke Berlin/Potsdam (1907)
25. Kaiser-Wilhelm-Brücke Wilhelmshaven (1907)
26. Schwebefähre über die Oste in Osten (1909)
27. Altrheinbrücke Bad Honnef (1911)
28. Bösebrücke Berlin (1916)
29. Eiderbrücke Friedrichstadt (1916)
30. Saalebrücke Alsleben (1928)
31. Rheinbrücke Krefeld-Uerdingen (1937)
32. Rheinbrücke Köln-Rodenkirchen (1941/1954/1995)

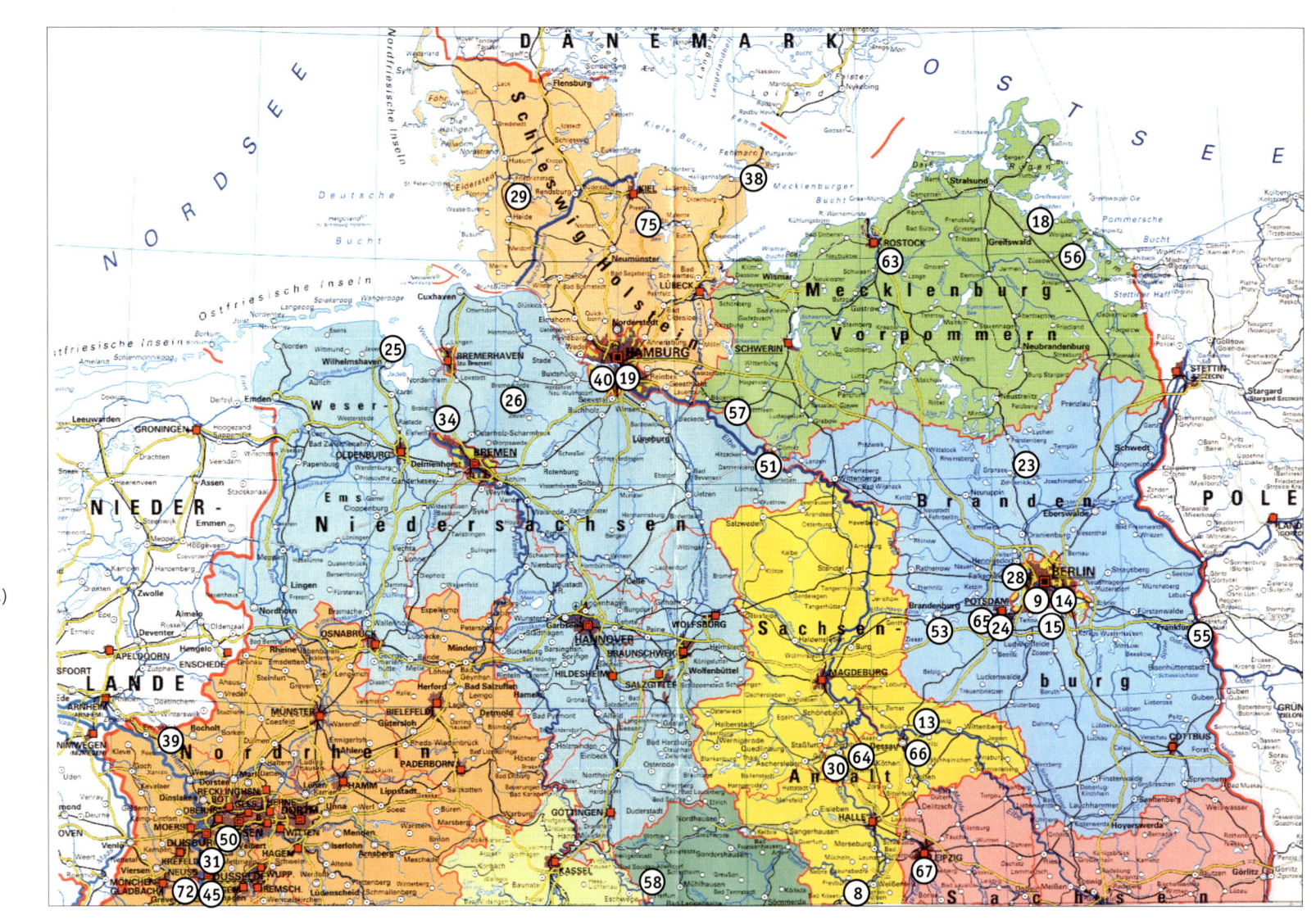

DER BRÜCKENBAU AB 1945

33. Moselbrücke Wehlen (1949)
34. Huntebrücke Huntebrück (1955)
35. Hangbrücke Todsburg bei Wiesensteig (1957)
36. Jagstbrücke Unterregenbach (1958)

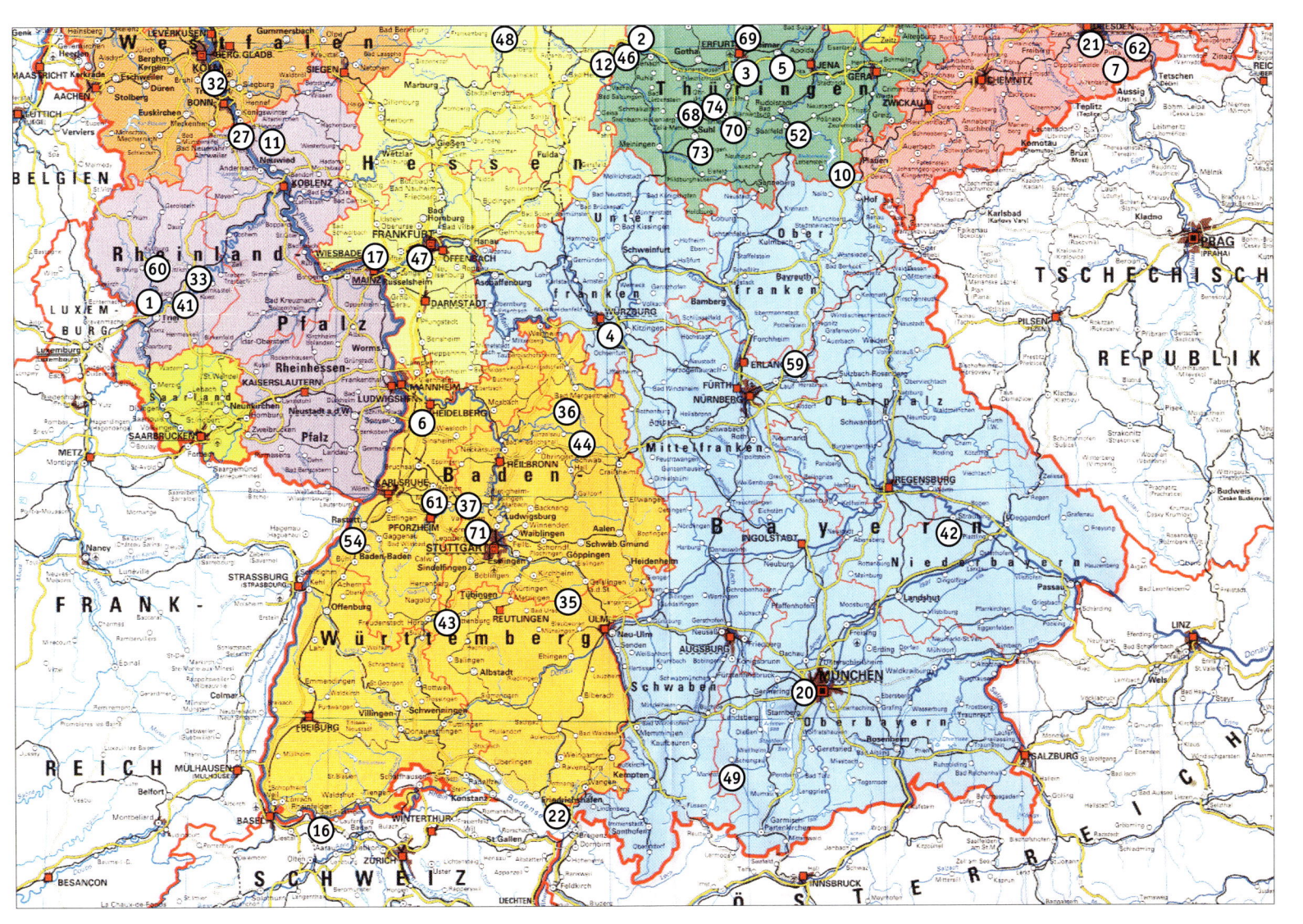

52	Ilmbrücke Stadtilm (Kellerbrücke) (1994)
53	Jahrtausendbrücke Brandenburg/Havel (1996)
54	Wirtschaftswegbrücke bei Baden-Baden (1996)
55	Oderbrücke Frankfurt (1997)
56	Peenebrücke Wolgast (1997)
57	Sudebrücke Bandekow (1998)
58	Werrabrücke Treffurt (1998)
59	Gehwegbrücke bei Schnaittach (1998)
60	Kylltalbrücke bei Bitburg (1999)
61	Überführung „Alter Göbricher Weg" bei Pforzheim (1999)
62	Neue Elbebrücke Pirna (1999)
63	Kreuzungsbauwerk der B 105 über die A 19 bei Rostock (2000)
64	Saalebrücke Beesedau (2000)
65	Inselbrücke Potsdam (2000)
66	Elbebrücke Vockerode (2000)
67	Karl-Heine-Bogen Leipzig (2000)
68	Talbrücke Wilde Gera (2001)
69	Überführungen über die A 71 zwischen Erfurt und Sömmerda (2002)
70	Überführung des Rennsteigs bei Oberhof (2002)
71	Talbrücke Münchingen/Korntal (2002)
72	Flughafenbrücke Düsseldorf (2002)
73	Talbrücke Albrechtsgraben bei Suhl (2002)
74	Reichenbachtalbrücke bei Geraberg (2002)
75	Schwentinebrücke Preetz (2004)

37	Glemstalbrücke Schwieberdingen (1963)
38	Fehmarnsundbrücke (1963)
39	Rheinbrücke Rees/Kalkar (1967)
40	Köhlbrandbrücke Hamburg (1974)
41	Moselbrücke Schweich (1974)
42	Donaubrücke Straubing (1977)
43	Neckartalbrücke Weitingen (1978)
44	Kochertalbrücke bei Geislingen (1979)
45	Rheinbrücke Düsseldorf-Flehe (1980)
46	Werratalbrücke Wartha in Hörschel (1983)
47	Flößerbrücke Frankfurt/Main (1986)
48	Gehwegbrücke bei Borken-Arnsbach (1989)
49	Lechtalbrücke Schongau (1991)
50	Rheinbrücke Duisburg-Beeckerwerth (1991)
51	Elbebrücke Dömitz (1992)

GLOSSAR – FACHAUSDRÜCKE AUS DEM BRÜCKENBAU

Balken

Ein meist waagerechter Träger, der durch senkrechte Lasten auf Biegung beansprucht wird.

Balkenbrücke

Eine Brücke mit einem Tragwerk (Überbau) aus Balken, bei großen Spannweiten mit Bogen- und Hängetragwerken kombiniert.

Beton

Ein Gemisch aus Kies, Sand, Wasser und einem erhärtenden Bindemittel, meist Zement, das geringe Zug- aber hohe Druckfestigkeit erträgt.

Bewegliche Brücke

Eine Brücke, bei der das Tragwerk eines Brückenfeldes für eine Schiffsdurchfahrt gehoben, hochgeklappt oder gedreht werden kann.

Bewehrung

Stabförmige Stahleinlagen im Beton zur Aufnahme von Zugkräften.

Biegung

Krümmung eines Traggliedes durch Belastung, wobei im Tragglied-Querschnitt Druck, Zug und Schub auftreten.

Bogen

Ein im Aufriss gekrümmter Träger, in dem durch senkrechte Lasten überwiegend Druck erzeugt wird. Heute meist bei großen Spannweiten zur Unterstützung oder Abhängung eines die Straße tragenden Balkens verwendet.

Brückenfeld, Feld

Ein Tragwerk zwischen zwei Unterstützungen (Auflager)

Drehbrücke

Eine bewegliche Brücke, bei der das Tragwerk eines Brückenfeldes für eine Schiffsdurchfahrt herausgedreht wird.

Dreigelenkbogen

Im Scheitel und an den Kämpfern mit Gelenken versehenes Bogentragwerk.

Druck

Die Einwirkung, z. B. auf einen Träger, die in Kraftrichtung Druckspannungen und dadurch Stauchungen erzeugt.

Druckfestigkeit

Die Druckspannung, bei der ein Material zerbricht.

Durchlaufträger

Ein Tragwerk (Überbau) aus Balken, das ohne Querfugen auf mehr als zwei Unterstützungen liegt.

Eigengewicht

Die Einwirkungen aus dem Gewicht eines Tragwerkes.

Einwirkungen

Die auf ein Tragwerk wirkenden Kräfte, insbesondere aus Eigengewicht (ständige Last), Verkehr aber auch aus Wind und Temperatur.

Fachwerk

Ein Stabsystem aus Dreiecken, dessen Teile vorwiegend auf Zug und Druck beansprucht werden.

Fahrbahnplatte

Der eine Fahrbahn tragende obere Teil eines Tragwerkes (Überbau).

Flachgründung

Abtragung sämtlicher Lasten einer Brücke über das Fundament direkt in die tragfähigen Bodenschichten. Siehe Gründung.

Freivorbau

Herstellen des Überbaus von einem Pfeiler aus nach beiden Seiten ohne Gerüst als Waagebalken.

Fundament

Der unterste Teil der Unterbauten (Pfeiler, Widerlager)

Gelenkbogen

Ein Bogentragwerk mit Gelenken an den Widerlagern (Kämpfern) oder/und im Scheitel.

Gewölbe

Ein Bogentragwerk aus Naturstein, Ziegel oder Beton, auf das die Verkehrslasten meist durch Auffüllmaterial (z. B. Mager- oder Leichtbeton) übertragen werden.

Gradiente

Geometrische Lage einer Straße der Höhe nach.

Gründung

Die Art, wie sämtliche Lasten einer Brücke über das Fundament in den Untergrund übertragen werden: Bei Flachgründung über Flächenpressung, bei Pfahlgründung über Druck und Reibung.

Gurt

Die oberen und unteren horizontalen Tragwerksteile eines Trägers oder Fachwerks.

Gusseisen

Eine spröde Eisenlegierung mit hohem Kohlenstoffgehalt und dadurch hoher Druckfestigkeit aber nur geringer Zugfestigkeit.

Hängebrücke

Eine Brücke, deren Tragwerk (Überbau) mittels Hängern aus Seilen an Kabeln aufgehängt ist, die über Pylone geführt werden.

Hohlkasten

Ein meist trapezförmiger Balken, bestehend aus den seitlichen Stegen, der Fahrbahn- und Bodenplatte, zugänglich für Prüfung und Erhaltung und zur Aufnahme von Leitungen für z. B. Strom und Fahrbahnentwässerung. Ein im Großbrückenbau häufig verwendeter Querschnitt.

Hubbrücke

Eine bewegliche Brücke, bei der das Tragwerk eines Brückenfeldes für eine Schiffsdurchfahrt angehoben wird.

Kabel

Ein aus mehreren Seilen bestehendes Tragwerksteil, die wiederum aus zahlreichen hochfesten Einzeldrähten bestehen. Verwendung im Hängebrückenbau.

Kämpfer

Der Bereich, an dem das untere Ende eines Bogentragwerks seine Lasten auf den Unterbau (Widerlager, Pfeiler) überträgt.

Klappbrücke

Eine bewegliche Brücke, bei der das Tragwerk eines Brückenfeldes für eine Schiffsdurchfahrt von einer Seite (einflügelig) oder von zwei Seiten (zweiflügelig) nach oben geklappt wird.

Korbbogen

Eine Bogenform, die aus Kreisbögen mit zu den Kämpfern hin sich verkleinernden Radien zusammengesetzt ist.

Lager

Bauteil zwischen Tragwerk (Überbau) und Pfeiler/Widerlager (Unterbauten) zur Übertragung von Lasten und Überbaubewegungen (Verschiebungen, Verdrehungen, Kippungen).

Lasten

Siehe Einwirkungen

Orthotrope Platte

Ein Stahlblech, an dessen Unterseite rechtwinklig (orthogonal) in Tragwerk-Längsrichtung (anisotrop) Versteifungsrippen (heute nur noch trapezförmige Hohlsteifen) angeordnet sind, um es für Biegung tragfähiger zu machen.

Pfahlgründung

Stabförmige Tragglieder aus Holz (früher), Beton, Stahlbeton oder Stahl, die in den Baugrund gerammt, gerüttelt, gebohrt oder eingespült werden, um die Lasten aus dem Fundament in tragfähige Bodenschichten zu leiten. Siehe Gründung.

Pfeiler

Eine tragende vertikale Unterstützung eines Tragwerkes (Überbau) zwischen den Widerlagern. Ein dünner Pfeiler wird auch Stütze genannt.

Platte

Ein flächenförmiges Tragwerk mit Belastungen überwiegend senkrecht zur Plattenebene.

Plattenbalken

Ein Tragwerk, das durch einen oder mehrere Balken mit einer oberen Platte verbunden ist.

Pylon

Ein über die Fahrbahnebene ragender Pfeiler, von dem die Seile und Kabel von Schrägseil- und Hängebrücken ausgehen.

Rahmen

Ein meist zu einem Rechteck umgeformter Bogen, in dem im Gegensatz zum Bogen große Biegebeanspruchungen auftreten.

Schalung

Eine für die Formgebung von Beton erforderliche meist hölzerne Verkleidung, die bis zum Aushärten benötigt wird.

Scheitel

Der höchste Punkt eines Bogens.

Schifffahrtsöffnung

Das Brückenfeld über dem Schifffahrtsprofil.

Schifffahrtsprofil

Die Querschnittsabmessungen des auf einem Fluss oder Kanal verkehrenden größten Schiffes einschließlich seiner Ladung (z. B. Container) und erforderlicher Sicherheitsabstände.

Schrägseilbrücke

Eine Brücke, deren Überbau von schrägen Seilen getragen wird, die ihre Lasten direkt in einen Pylon abgeben und durch ihre schräge Anordnung Druckspannungen im Überbau erzeugen.

Seil

Ein biegeweiches Tragglied aus zahlreichen hochfesten Einzeldrähten, das nur hohe Zugkräfte aufnehmen kann. Verwendung im Schrägseil- und Hängebrückenbau.

Spannbeton

Ein Balkentragglied aus Stahlbeton, das durch vorgespannte Drähte (Spannglieder) innerlich so belastet (zusammengedrückt) wird, dass die Spannungen aus Einwirkungen (überwiegend Eigengewicht und Verkehrslasten) vermindert werden und damit die Tragfähigkeit erhöht wird.

Spannglied

Mehrere in einem Rohr meist aus Stahlblech zusammengefasste hochfeste Stahldrähte mit Verankerungs- und Spannkörper.

Spannweite (Stützweite)

Der Abstand zwischen den Mittelpunkten zweier Unterstützungen eines Tragwerkes.

Sprengwerk

Rahmenform mit schräg nach außen gestellten Stützen (Stielen).

Stabbogen

Bogentragwerk, dessen horizontale Kräfte durch einen als Zugband wirkenden Überbau aufgenommen werden und dadurch wie ein Balken gelagert ist.

Stahl

Eine Eisenlegierung mit geringem Kohlenstoffgehalt und hoher Zug- und Druckfestigkeit.

Stahlbeton

Ein mit Bewehrung versehener und dadurch zugfest gemachter Beton.

Stahlverbund

Die Verbindung einer Fahrbahnplatte aus Stahlbeton mit einem stählernen Hohlkasten oder Stahlträgern mittels Stahldübeln.

Taktschiebeverfahren

Abschnittsweises Herstellen eines Überbaus aus Spannbeton oder Stahl am Ende einer Brücke mit taktweisem Längsverschub über die zuvor hergestellten Pfeiler.

Träger

Ein stabförmiges Tragglied aus Stahl, Stahlbeton, Spannbeton oder Holz.

Tragfähigkeit

Fähigkeit eines Tragwerks/Traggliedes Lasten/Einwirkungen zu ertragen.

Tragglied

Teil eines Tragwerkes, z. B. Träger, Balken, Platte, Kabel, Seil.

Tragwerk

Der aus Traggliedern bestehende Teil einer Brücke (auch Überbau genannt) zur Aufnahme der Lasten aus Verkehr, Eigengewicht und Wind. Meist ein Balken, auch in Kombination mit Bogen, Kabeln und Seilen.

Überbau

Der auf den Unterbauten aufgelagerte, die Straße tragende Teil einer Brücke.

Unterbauten

Die Pfeiler (Stützen) und Widerlager einer Brücke.

Verkleidung

Die aus gestalterischen Gründen angebrachte nicht tragende äußere Schicht eines Bauteils (z. B. Pfeiler, Widerlager), meist aus Natur- oder Ziegelstein. Bei Flusspfeilern auch zum Schutz gegen Treibgut oder Schiffsanprall.

Vorlandbrücke

Der Teil einer Brücke, der im Gelände vor dem zu überbrückenden Hindernis (meist bei Gewässern) liegt.

Voute

Zunahme der Überbauhöhe zu den Pfeilern hin, aus statischen, wirtschaftlichen und gestalterischen Gründen.

Waagebalkenbrücke

Form einer Klappbrücke, bei der das Tragwerk (Klappe) mittels Zugstangen von einem auf einem Pylon beweglich gelagerten Balken (Waagebalken) mit Gegengewichten mit nur geringer Kraft hochgeklappt werden kann.

Widerlager

Das meist massive Ende einer Brücke, auf dem der Überbau aufliegt und den Übergang von der Brücke zum weiterführenden Straßenkörper und Gelände herstellt.

Zug

Die Einwirkung auf Tragglieder, die in Kraftrichtung Zugspannungen und damit eine Dehnung erzeugt.

Zugfestigkeit

Die Zugspannung, bei der ein Material reißt.

LITERATURAUSWAHL

(1) Jurecka, Charlotte:
Brücken. Historische Entwicklung – Faszination der Technik
Wien, München (1979)
Nachdruck der 2. Auflage: Verlag Anton Scholl+Co, Wien (1994)

(2) Leonhardt, Fritz:
Brücken – Ästhetik und Gestaltung
Deutsche Verlags-Anstalt, Stuttgart (1982)
ISBN 3-421-02590-8

(3) Bühler, Dirk:
Brückenbau
Deutsches Museum München (2000)
ISBN 3-924183-55-4

(4) Wittfoth, Hans:
Triumph der Spannweiten – Geschichte des Brückenbaus
Beton-Verlag, Düsseldorf (1972)
ISBN 3-7640-0082-1

(5) Bundesministerium für Verkehr (Hg.):
Steinbrücken in Deutschland (I)
Verlag Bau+Technik (früher Beton-Verlag, Düsseldorf (1988)
ISBN 3-7640-0240-9

(6) Bundesministerium für Verkehr, Bau- und Wohnungswesen (Hg.):
Steinbrücken in Deutschland (II)
Verlag Bau+Technik, Erkrath (1999)
ISBN 3-7640-0389-8

(7) Thiemann, E.; Desczyk, D.; Metzing, H.: Berlin und seine Brücken
Jaron-Verlag, Berlin (2003)
ISBN 3-89773-073-1

(8) Stiglat, Klaus:
Bauingenieure und ihr Werk
Verlag Ernst+Sohn, Berlin (2004)
ISBN 3-433-01665-8

(9) Schmitz, Christoph:
Die Ruhrbrücken – von der Quelle bis zur Mündung zwischen einst und jetzt
Ardey-Verlag, Münster (2004)
ISBN 3-87023-311-7

(10) Thiemann, E.; Liman, H.; Verch, W.:
Brücken in Brandenburg
Marika Großer Verlag, Berlin (2004)
ISBN 3-910 134-04-1

(11) Weber, Heinrich Theodor:
Brücken über die deutsch-luxemburgische Grenze
Gollenstein Verlag, Blieskastel (1997)
ISBN 3-930008-61-0

(12) Fiedler, Erich:
Straßenbrücken über die Elbe – Eine Darstellung der historischen Entwicklung der Elbbrücken in Deutschland
Saxoprint GmbH, Dresden (2005)

(13) Wittfoth, Hans:
Brückenbauer aus Leidenschaft. Mosaiksteine aus dem Leben eines Unternehmers
Verlag Bau+Technik, Düsseldorf (2005)
ISBN 3-7640-0457-6

(14) Gor, Wolfram:
Frankfurter Brücken – Schleusen, Fähren, Tunnels und Brücken des Mains
Societäts-Verlag, Frankfurt (1982)
ISBN 3-7973-0393-9

(15) Brücken und Tunnel der Bundesfernstraßen 2006
Deutscher Bundes-Verlag
ISBN 3-935064-42-X

BILDNACHWEIS

Sämtliche Bilder stammen aus dem Bild-Archiv des Bundesministeriums für Verkehr, Bau und Stadtentwicklung (BMVBS), Bonn

Michael Fehlauer, Köln

Brücke Nr.: (1) r. + l.* (3) l. (4) r. + l.
(6) r. + l. (14) r. + l. (15) r. + l.
(16) r. + l (17) r. + l. (18) r. + l.
(19) r. + l. (20) r. + l. (21) r. + l.
(22) r. + l. (23) r. + l. (25) r. + l.
(26) r. + l. (28) r. + l. (31) r. + l.
(33) r. + l. (34) r. + l. (36) r. + l.
(37) r. + l. (38) l. (39) r. + l.
(40) r. + l. (41) r. + l. (42) r. + l.
(44) r. + l. (45) l. (47) r. + l.
(50) r. + l. (53) r. + l. (54) r. + l.
(61) r. + l. (62) r. + l. (65) l.
(67) r. (69) r. + l. (71) r. + l.
(73) l.

Foto-Studio Hänsel, Wolgast

Brücke Nr.: (56) r. + l

K. Wolfgang Hunger, Köln

Brücke Nr.: (32) r. + l.

Wolfgang Jäger, Bruchköbel

Brücke Nr.: (11) r.

Klaus Kappes, foto schüler, Zella-Mehlis

Titelbild

Brücke Nr.: (2) r. + l. (5) r. + l. (7) r. + l.
(8) l. (9) r. + l. (10) r. + l.
(12) r. + l. (24) l. (29) r. + l.
(30) l. (38) r. + l. (43) r. + l.
(45) r. (49) r. + l. (51) l.
(57) r. + l. (58) r. + l. (59) r. + l.
(60) r. + l. (63) r. + l. (64) r. + l.
(66) r. + l. (68) r. + l. (69) r.
(70) r. + l. (72) r. + l. (73) r.
(74) r. + l. (75) r. + l.

König und Heunisch, Leipzig

Brücke Nr.: (67) l.

René Legrand, Rühe

Brücke Nr.: (18) l.

Photo-Lindner, Hannover

Brücke Nr.: (48) r. + l. (52) r. + l.

Liselotte Nübel, Fürstenfeldbruck

Brücke Nr.: (35) l.

Gerd-Jürgen Pust, VIC Potsdam

Brücke Nr.: (65) r. + l.

Christiane Tessmer, Berlin

Brücke Nr.: (55) r. + l.

Peter Thieme, Berlin

Brücke Nr.: (24) r.

Friedrich Standfuß, Königswinter

Brücke Nr.: (1) l. (3) r. + l. (8) r.
(13) r. + l. (27) r. + l. (30) r.
(46) r. + l. (67) r.

Peter Walser, Stuttgart

Brücke Nr.: (61) l.

Hans-Georg Weigel, ITW-Film Hilden

Brücke Nr.: (4) l. (11) l. (44) l.
(45) l. (51) r. + l.

BMVBS, Bonn

Brücke Nr.: (10) l. (35) r. + l.

6 Künstlerische Ausgestaltung von Brücken

F. Standfuß

S. 168: o. M., u. l.**
S. 169: o. M., o. r., u. M., u. r
S. 170: o. l., o. M., u. M., u. r.
S. 171: o. M., o. r., u. M., u. r.
S. 172: o. L., o. r., u. M.
S. 173: o. M, u. M.

H.-G. Weigel

S. 168: o. l., o. r., u. M., u. r.
S. 169: u. l.

BMVBS, Bonn

S. 169: o. l.
S. 173: o. l., o. r., u. l.

K. Kappes

S. 170: u. l.
S. 171: o. l., u. l.
S. 172: o. M.
S. 173: u. r.

P. Thieme

S. 170: o. r.

M. Fehlauer

S. 172: u. l., u. r.

---

* Die Buchstaben r. und l. bedeuten: Bild auf der rechten und Bilder auf der linken Seite

** Es bedeuten: o. l./u. l. oben/unten links
o. M./u. M. oben/unten Mitte
o. r./u. r. oben/unten rechts